Dois uísques em Cafarnaum

J. Toledo

Dois uísques em Cafarnaum

Crônicas bizantinas

EDITORA RECORD
RIO DE JANEIRO • SÃO PAULO
2006

CIP-Brasil. Catalogação-na-fonte
Sindicato Nacional dos Editores de Livros, RJ.

T582d Toledo, J. (José), 1947-
Dois uísques em Cafarnaum / J. Toledo. – Rio de Janeiro: Record, 2006.

ISBN 85-01-07251-6

1. Crônica brasileira. I. Título.

06-0789 CDD – 869.98
CDU – 821.134-3(81)-8

Capa: Sérgio Campante

Direitos exclusivos desta edição reservados pela
EDITORA RECORD LTDA.
Rua Argentina 171 – Rio de Janeiro, RJ – 20921-380 – Tel.: 2585-2000

Impresso no Brasil

ISBN 85-01-07251-6

PEDIDOS PELO REEMBOLSO POSTAL
Caixa Postal 23.052
Rio de Janeiro, RJ – 20922-970

Para Diana, minha caçadora

Retrato do autor à procura do nada

Sumário

Petit voyage à guisa de prefácio

Inicialmente, há que se admitir certo temor diante da responsabilidade assumida na aceitação de convite honroso que traz em si, antes de mais nada, afeição e ternura, para apresentar o trabalho do escritor e artista que é muitos pelo talento e valor que possui. Há que se admitir, também, o sentimento de pura alegria e gratidão que se instala, sendo o autor pessoa de grande estima que se fez amigo presente e afável, naquela modalidade antiga, de todas as horas... Veio até minha vida pela conjunção ímpar que reuniu amizade, admiração e bem-querença, trazido pela rara, única e, portanto, irrepetível "Rota crivada de luz", há tempos transformada em infinita e irremediável Saudade. Novamente a conjunção acontece agora, reunindo-nos de forma um pouco diferente: Toledo com sua nova criação, ELA (Hilda Hilst) iluminando alguns dos textos e eu, neste prefácio. Permanece o amor que partilhamos, a mudança está no dolorido da ausência.

Dois uísques em Cafarnaum é uma saborosa e divertida coletânea de contos, intitulada também como *Crônicas bizantinas*, cujo autor, múltiplo artista e escritor que desde há muitos anos vem narrando o mundo e a vida, utilizando-se de diversas formas de expressão como literatura, fotografia, pintura e desenho, além de criar nova linguagem — a tolegrafia. O autor possui tal diversidade de linguagens que explicita a unidade que é, nada convencional e ainda menos ortodoxa, revelando-se absolutamente original e singular.

As *Crônicas bizantinas* caracterizam-se pelo humor refinado que, com um tanto de ironia e satírica agilidade nas associações, sempre surpreendentes, inventa expressões criando hilaridades, trocadilhos e ideogramas de grande sutileza, como, por exemplo: "Bife Uri Geller"; "Yacht Club do Mar Morto"; "resfolegava estúpida bicicleta sem rodas"; "cães giratórios"; "prole guinnessbookiana"; "útero que parecia abrigar todo um subúrbio de Pequim"; "patriotice escrotal"; "computês"; "clima junino-esfinctérico"; "otorrinolaringoutonal"; "neurose osmótico-placentária"; "domingo confraternizando com múmias"; "discursos elitizantes a virtudes etilizáveis"; "derrapando pela paisagem fecal"; "nanorrealidades televisivas"; "encontro negocioso com nêgo tão cioso"; "Catulo do tesão lesbiano com Catulo da Paixão Cearense"... expressões que, retiradas do seu contexto, como aqui foi feito para exemplificar, fazem-se um pouco esvaziadas da vitalidade que há nelas, quando inseridas no todo da crônica.

Crônicas bizantinas sobressai também pela abundância e domínio do vocabulário vasto e preciso que transmuta solenes dogmas intocáveis em maleáveis questionamentos risíveis, conduzindo-nos a inevitável sensação de surpreendente entendimento, pelo inesperado que acontece.

A erudição, conhecimento, experiências e vivências do autor fluem ao longo da narrativa, acrescidos de imaginação fértil e sobretudo despida de censura e falsa moral, compondo cenas em que convivem mitos milenares com banal cotidiano, personagens históricas ilustres com ídolos populares contemporâneos, tudo em harmonia e interação, sem o menor resquício de presunção e arrogância porque completamente lúdico.

As crônicas são puro divertimento que principia já no título de cada uma delas, no mínimo intrigante, que nos instiga a querer saber mais sobre o tema, algumas vezes de sonoridade familiar mas significado totalmente modificado, pela troca de uma ou mais letras. Quanto ao conteúdo, nele surge uma abrangência que se estende desde o mais simples ato de bebericar em diversão e aparente leveza até o mais complexo e denso questionamento sobre a existência, a Realidade e a Morte.

Os provérbios que constituem a "lavra pessoal" e alguns trechos inclusos nas crônicas, aparentemente pura brincadeira, acentuam questões essenciais da condição humana, a frivolidade que permeia as relações contemporâneas e o "si mesmo" desconhecido e estrangeiro, sem nada de gracejo...

Encerrando, transcrevo alguns trechos, confirmando o que foi afirmado no parágrafo anterior e ilustrando aspectos do autor quando:

Poético

"...Apesar da antropologia, o homem nada mais é do que exatamente o contrário daquilo que sempre fingiu ser...", o que reafirmou Fernando Pessoa quando disse: "...chega a fingir que é dor, a dor que deveras sente...", lembram-se?

Realista

"...muita gente escapou da morte mas nenhuma delas da vida..."

Místico

"...aquilo a que se chama Glória: o inalienável direito de amar sem medidas a magia do desconhecido..."

Sincero

"...O que há de mais espantoso no raciocínio é que ele não serve mesmo para nada..."

Soturno

"...dar voltas em torno da própria estupidez procurando o seu duo trevoso..."

Lúcido

"Deixemos aos tolos a pretensão de que a realidade é uma dádiva."

Modesto

"O melhor da erudição é poder-se tripudiar sobre ela."

Observador

"Assim na vida como na morte, o importante mesmo é manter o penteado."

Profético

"...bom recordar que Petrarca, já em seu tempo, falava com pessimismo e descrença sobre o caráter dos homens e do futuro."

Alerta

"...fatigado pela Realidade excessiva que ainda me bate à porta..."

Romântico Esperançoso

"Vosso amor por quimeras será eterno..."

Revelador

"...a perturbadora necessidade de manipularmos o lúdico no lugar do sagrado, só nos coloca à frente da edificante e esquecida arte de ser diferente, o que incomoda a maioria vicejante, ou seja, aqueles que insistem em usar a cabeça para separar as orelhas..."

Jocoso

"...carregando uma estátua de Joana D'Arc, fui preso por dois PMs por porte de heroína..."

Não disse ser ele muitos, hein?
Assim, *bon voyage*!

Inês Parada
(autora de *A teia d'água* — 1995)

O doce episódio do rebento auricular

"O pior de vir à luz entre fezes e urina é ter de, um dia, confessar toda a verdade ao psiquiatra"

(lavra pessoal)

Hoje, e para não perder a fama de *mago dos colchonetes*, venho de público e com os olhos rasos d'água dizer que dei um tiro na TV. Porém, antes, confesso, assisti à comovente promoção do novo livro de Paiva Netto contra o aborto, intitulado *Mãezinha, deixe-me viver*... Assim, e inimigo visceral de gnaticídios superficiais e pieguices alvissareiras, declaro-me de antemão leitor deste épico best seller de sobrevivência que, prometo, irei de joelhos pela Belém-Brasília buscá-lo no Parlamundi, único lugar decente da capital federal onde se pode beber um bom uísque em companhia de Deus.

Lá, naquela obra audaz plena de talento, o autor, conhecido por seus atos de bravura benemerente e um timbre de voz só igualado por Jeová, conta-nos que, no século XVIII, uma senhora tuberculosa e seu marido sifilítico tiveram o primeiro filho: cego; o segundo, anencéfalo; o terceiro, político; o quarto... Bem, quando se deram conta de que as desgraças prosseguiriam, CRAU! a mulher engravidou outra vez e o casal desnorteado pensou em aborto. Mas a prudência divina bateu-lhes à porta, desistiram da façanha e pronto! Nasceu Beethoven para regalo do mundo! Bonito, não?

Pois, fazendo jus à fortuna que recebe, Toledo lhes conta agora a história absolutamente verídica da gestante que, após meses de total prenhez, foi ventando para a maternidade e, assim como nos extraordinários filmes norte-americanos exibidos no SBT, viu comoção no trânsito, sirenes tocando, histeria na porta, macas autolimpantes, correria de enfermeiros nos corredores, plantonistas desarvorados, impressionantes aparelhos zunindo, tilintando, bipando, estridulando, e aqueles médicos incríveis com seus sapatões embrulhados como picanhas, a correr sala de parto adentro...

Enfim, após todas aquelas obscenidades puerperais, a mulher foi devolvida ao quarto e lá, já maternal como são todas as mães, suplicante, chamou o responsável pela proeza e lhe disse com a lacrimosa ternura das recém-paridas:

— Doutor, doutor: por favor, traga o neném para eu beijar e acariciar suas mãozinhas...

E grave, mas inteirado de seu Juramento de Hipócrates, ele foi categórico:

— Cara senhora, sinto comunicar, mas seu filho nasceu sem as mãozinhas!

— Como? Que horror! Ooohhh! Ooohhh! Não é possível! Que desgraça!

E, após lamentar toda a tristeza do mundo pela desventura do rebento que nascera sem as mãozinhas e debulhada em lágrimas, rogou ao médico constrangido:

— Mas, doutor, doutor, traga meu filhinho para que eu possa inalar, admirar, oscular e lhe afagar os graciosos pezinhos. Sim, por favor, por favor...

E outra vez, contrafeito, o obstetra foi frio e matematicamente sincero:

— Minha cara, lamento dizer, mas seu filho nasceu também sem os pezinhos!

— Ooohhh meu Deus! Como pode ser isso? Por quê? Por quê? Por quê?

E chorou e gritou seu desespero e, por fim, com os exaustos hormônios maternosos explodindo de emoção, implorou ao abnegado homem de ciência:

— Mas, doutor, deixe-me embalar e contemplar os bracinhos, as perninhas e o corpinho de meu filhinho...

E o esculápio, outra vez constrito, foi-lhe de franqueza total e sistemática:

— Madame, sinto dizê-lo, mas é meu dever informá-la: ele nasceu igualmente sem bracinhos, sem perninhas e sem o corpinho!

E ali, jazente no leito e semi-suicida pela tragédia que acabara de ouvir, a desgraçada senhora uma vez mais gemeu:

— Oh, céus! Não é possível! Buá...! Buá...! Buá...! Então, doutor, Buá...! Traga o que nasceu!

E álgido, lépido e contrafeito, o médico girou nos calcanhares, saiu e momentos depois voltou com uma enorme orelha de 52 centímetros e a entregou à pobre mulher, que abraçou, beijou e acariciou a orelhona recém-nascida sussurrando-lhe com amor e desvelo:

— Tadinho do neném. Nasceu sem mãozinhas, sem pezinhos, sem corpinho...

E vendo-a ali, no leito da maternidade, pungente e em total desolação ninando e afagando uma gigantesca orelha de meio metro saída de seu próprio ventre, com o coração partido, porém, guiado pela ética absoluta, afinal, inflexível, o facultativo advertiu:

— Por favor, minha senhora, fale mais alto porque ele também é surdo!

Bom dia.

O ensandecido balé dos párias

"Não adiantam sistemas métrico-filosóficos. Apesar da estreiteza de raciocíno, a mediocridade caminha a passos largos"

(lavra pessoal)

Alarmados com o caos social e estado de pura violência, amigos me aconselham: *low profile*. Sim, o negócio é esse. Pensando nisso, vendo o scotchmóvel e adquiro uma kombi 59 com motor Aston Martin e mudo de casa, substituindo o reconfortante *château* por um deprimente quitinete de 4 X 5. Pura lição de democrática sobrevivência e em absoluta consonância com uma plêiade de cretinos preocupados com a histérica e inodora imagem dos "Direitos humanos"... do que restar, é claro... É o ritmo do espetáculo que assistimos sob a estupidez da estação. Que fazer?

Pensando nisso, pondero: incrível, porém, a bailarina Tamara Tumanova nasceu num trem. Coincidência ou não, o Nureiev também, e a caminho dos Urais, o que me leva a crer que, para se ter alguma chance de mostrar talento no balé soviético, primeiro, era necessário ter-se uma mãe atrás da cortina de ferro, levando o mesmo, vê-la apaixonada por um maquinista e —

sobretudo — adorar chacoalhar-se todo no oceano amniótico-ferroviário, o que, é claro, na Ucrânia devia ser um sucesso.

Notada a ferruginosa simultaneidade de pensamentos tão nobres, ocorre-me a urgência de esquecer Stalin, saudar a memória de Trotski e, sem dúvidas, resgatar Alexandre Nevsky, o único grande herói eslavo para o qual tiro o capacete consecutivas vezes. Numa santidade reconhecida até mesmo pelas Catarinas, Eisenstein e Prokofiev, o grande líder se utilizou dos tártaros para se livrar dos bárbaros e extirpar estipêndios cobrados por herdeiros de Gêngis Khan, que, como se sabe, morreu de gengivite.

Sendo o assunto tão delicado e a História tão frágil, o amado leitor há de perguntar: por que mencionar isso tudo em meio a tanta violência? Ao que simplesmente responderei que não faço a menor idéia. Ninguém sabe o que diz hoje em dia. Por que então serei o primeiro a se arriscar, hein?

Contudo, e dada a coragem com que enfrento tais dúvidas, desembainho uma flamejante resposta: pensando bem, é tudo claro como a neve. Sim, a Mãe Rússia, é a resposta. E nesses assuntos alveados não se deve mexer. Portanto, somente me deixo enlevar pelo ritmo historiográfico. Só isso. Assim, o que se percebe então é que, se Gêngis Khan não tivesse iniciado seu processo tributário contra os povos da estepe, primeiro, não haveria estepe e a História não poderia mais trafegar com tranqüilidade pela recauchutante prenhez alucinatória do acaso, estacionando aqui e ali para desovar Alexandre Nevsky, Catarina I e II, Eisenstein, Prokofiev, Lenin, Trotski, Stalin, Nureiev e, finalmente, Tamara Tumanova, que, como já disse antes, nasceu num trem. Pronto!

Aparentemente complexa, essa trajetória tem a única finalidade de demonstrar por que o filho chamado Alexandre, um samovar desativado há anos e — o mais importante — a razão de jamais me deixar seduzir pelos sons da balalaica sobre os do piano ou preferir uísque em vez de chá.

Explico: por exemplo, ao criar o Dr. Coppelius urdindo uma boneca de lata, Ernst Hoffmann não imaginou simplesmente a história da *Fille aux yeux d'émail*, ainda porque a globalizante estultice futura a chamaria de *La fille aux yeux d'E-mail*, o que transformaria a delicada música de Delibes num grotesco som internáutico de Bill Gates. E isso, não obstante o olhar esmaltado do brinquedo, traria uma distorcida visão ao balé *Coppelia*, para o qual estou preparando uma extraordinária coreografia, em que eu mesmo e simultaneamente mimético, interpretarei o Dr. Coppelius, o jovem Franz, Swanilda e a boneca-autômato à espera da alma. Tudo enquanto Hoffmann escreverá contos infanto-juvenis e o próprio Delibes comporá sons palatáveis-cloacais no ambiente sereno em que vivemos. Pura magia!

Para tanto, calçarei as magníficas sapatilhas socráticas que ganhei de Alphio Derzen, o filósofo alemão que, por motivos desconhecidos, dava sempre a impressão de dizer adeus. E ali, diante da perplexidez de um público votante que se diz sagaz, irromperei no tablado com a mesma destreza enfurecida de Nijinski, a técnica inigualável de Barishnikov, o caleidoscópico esplendor das saltatrizes malucas e só então, após o comovedor e extasiante delírio da platéia em chamas, executarei um inusitado *pas de quatre* em solo. Será fantástico e digno de Enrico Ferri, o famoso criminalista italiano que confundia um simples fogo no rabo com alarmantes incêndios sociais.

Assim mostrado, ver-se-á que a Realidade é mesmo uma merda e o irreal exprimirá o que o Marquês de Cuevas passou a vida tentando provar e que eu, aqui, na sombria coxia deste eremitério sertanejo, só admito através das técnicas de grandes elevações e sob o malabarismo virtuosístico da população inerme que, afinal, acabará injustamente dançando no picadeiro, porém, sem jamais viver o prazer de ter pisado o palco.

Bom dia.

A quem interessar, poça!

"Melhor filosofar no bidê que dar atenção a você"

(lavra pessoal)

Bem, que o clima enlouqueceu, já se sabe. Ao que não se deu muita atenção, porém, foi o plano alternativo do grande George W. Bush no Tratado de Kioto sobre a emissão de gases, sobretudo no elevador...

Pois foi pensando nisso, de olho no escândalo pluviométrico e fatigado pela Realidade excessiva que ainda me bate à porta, que me levantei ontem e, após o desozonizado charuto inicial, decidi mudar radicalmente certas coisas na vida. Sim, com drasticidade digna de Malcom Lowry, dispensei o motorista, contratei um salva-vidas e, imbuído da heróica determinação de perseguir ideais anfíbios, dei partida no scotchmóvel e saí ventando do condado em direção à urbe, onde sempre coisas estranhas parecem acontecer para nos iluminar o palco interior.

Lá, contudo, após realizar drásticas e desastrosas proezas no trânsito, fui parado por um guarda com jeito de imperador etíope. Incrível, a cara do Seilassie! Ainda assim, imbuído de apostólica paciência, estacionei, desembaracei-me daquela medonha gambiarra de tiras obrigatórias que me despenteiam o tórax, desliguei o motor, pus nos pés as galochas de Roderico, aumentei o volume da ópera que ouvia, desci, abri a mala, dei de comer aos leões e só então encarei o lombrosiano perfil de Seilassie. E pensando comigo "sei lá se é", adverti-o, dizendo não haver tempo para parlengas inúteis, ao que ele, com a testa franzida como um colarinho shakespeariano, já sacou seu revolvão e, desarvorado, exigiu que me identificasse. Impossível, disse-lhe, contando que participava de importante torneio de amigos invisíveis e que, então, deixar o anonimato naquela hora seria um tanto irregular.

Todavia, não bastou. O homenzinho de quepe elevou a voz e, obstinado, descontrolou-se, meteu um apito na boca fazendo-o soar com ferroviária histeria, anunciando que eu estava preso. Que fazer? Diane já me havia advertido sobre os dissabores urbanos. Assim, visto que parecia falar a sério, tive de dar-lhe um solene *catch-as-catch-an,* enfiar-lhe o apito no rabo, deixando-o absolutamente prostrado e assobiando como um rouxinol.

A seguir, lépido, sob olhares perplexos da multidão de curiosos que se apinhou, em rápidas cabriolas, voltei ao carro e parti, sereno como o alferes Manuel Ambrósio, aliás, único fidalgo lusitano-esquerdista que conseguiu a façanha de trabalhar simultaneamente numa linha de frente em pleno Trás-os-Montes.

Voltando ao assunto, em disparada pelas ruas encharcadas ocorreu-me o persecutório aborrecimento para o qual sempre escarrei desdéns: o da umidade dos buracos na chuva. Abissais e imponderáveis lagoas camufladas onde freqüentemente soçobro como o *Titanic*. Entretanto, dessa vez parecia diferente: estava pleno de esperanças de vencer desafios profundos até o tal idiota chegar com seu maldito apito e pôr tudo a perder. Um desastre!

Pensando nisso e achando melhor cair nos buracos que cair em depressão, ágil como uma flecha, girei abruptamente o timão, entrei num lava-rápido e ordenei ao empregado que, com urgência, me providenciasse uma lavagem cerebral completa. Sim, extirpar de vez com aquela imundície atravancando o pulsar dos neurônios toledianos. Não obstante, diante do pasmo do rapaz, tive eu mesmo que tomar iniciativas, saltando à frente e abrindo totalmente o capô craniano, onde enfiei a mangueira e, sob poderosos jatos daquela coisa cujo nome não ouso dizer, dar início à mais extraordinária faxina intelectual, só vista sob a tosquia dos carpetes imaginários de Júlio Verne, único autor que concebeu uma viagem ao centro da Terra sem jamais ter pisado um metrô. Fascinante!

Agora, sim, poderia retornar à minha cratera municipal. Côncava ou convexa, dependendo, é claro, do ponto de vista do sinistrado. Então, como um periscópio saído da rua, benemerente e livre das impurezas com que a Realidade material teima imbricar-se sobre a psíquica, retornei à tona e, em vez de ficar uma piça, pensei logo em escrever uma peça, deixando-me simplesmente ficar ali, no meu poço, à disposição da buraqueira molhada, que agora, generoso como sempre, dôo a quem interessar possa.

Bom dia.

Brevilóquios de fumaça

"O melhor de tudo é saber que isso não nos levará a nada"

(lavra pessoal)

De fato, o que há de fantástico nos "puros" é, precisamente, o simples ato de refletir com eles, ou melhor, na companhia deles. Churchill, por exemplo, dizia-se um inveterado meditabundo, enquanto que Rodin — que não fumava — concebeu a escultura *O pensador* como um homem meditando sobre a própria bunda o seu sagrado direito do pensar atabágico. Então, se analisarmos o paradoxo, veremos que ambos terão cometido a gafe de deixar cinzas pelos carpetes da História, o que, é claro, não aconteceria se só usassem o crânio para separar as orelhas e, lógico, mergulhassem no Irreal com seus charutos na mão, assim como fez Heidegger, uivando sobre a urgência de se reaprender o filosofar enroladinho.

Essa complexa e fumacil ponderação torna-se particularmente importante numa época em que tudo se transforma em presunção e o raciocínio dito coletivo assume a forma das bitucas malapagadas que só exalam fetidez e o Nada.

Narcotizadas pela aparente benesse das utopias tecnológicas, a sociedade claudica sorridente, sem se aperceber que entre sua ilusória sensação de bem-estar se encontra a razão de seu próprio declínio mental, conforme, aliás, Camus vislumbrara no *Sísifo*: o persistente e racionalizado uso do cotidiano burguês.

Para se ter idéia, anunciou-se há tempos a fumegante descoberta de um *chip* que, sozinho, conteria um microprocessador que, segundo o fabricante, possibilitaria a construção de microcomputadores do tamanho de cabeças de alfinete. Apesar do tom augurioso, obviamente esqueceram de dizer ali que o cérebro das pessoas também mostrava esta tendência, isto é, de reduzir-se a tamanhos insignificantes a se adaptar às nanorrealidades televisivas.

Por isso, a insânia tecnológica me leva a crer que a estupidez contemporânea esteja assim, como furúnculos, no apogeu da maturação e prestes a explodir de forma pirotécnica. Veja-se Aldous Huxley no *Admirável mundo novo* fazendo um belo exercício de futurologia "somática".

Impressionantes os acertos que comete. E Ray Bradbury então, prevendo o caos a ocorrer com a poesia, literatura e filosofia? Segundo meus cálculos, se a coisa incontrolável persistir, chegaremos ao dia em que as pessoas simplesmente se tornarão gelatinosas e escorrerão pelos ralos, assim como os mocotós humanos que tanto ambicionaram ser. Pois perderam o senso da magia e, por isso, seu primitivo referencial se foi, deixando-os à míngua e totalmente entregues à decrepitude de apertar botões e dizer *OK* a tudo o que aparece. Incrível!

Quanto a mim, reafirmo preferir os périplos da Renascença, quando a estupidez ficava restrita a alguns feudos. Sim, viagens em busca do Humano para a decifração do humano. Coisas sadias, como realizar enduros em Cochabamba, saber que em Currais Novos não há bezerros de ouro ou que em Cuernavaca não se praticam Festas do Boi, tragédias de Sófocles transformadas em comédias de Plauto e confusões existenciais resumidas ao ato de criar livremente, sem a servil necessidade de ler manuais para atingir a existência amorfa dos rabanetes em flor.

Essa diarréia pseudotecnochocante leva alguns a enfatizarem a estultice a ponto de fazer-me lembrar de Jan Huss, o reformador tcheco que, ao ser torrado nas fogueiras da Igreja ainda teve a generosa criatividade de desembainhar seu melhor latim e vociferar: — *Sancta simplicitas!*

Pois o imito agora, nesta hora de ovos podres e atitudes fétidas. Visto ser impossível sanificar apatias com lógica surreal, passo a cercar meu raciocínio para evitar a invasão dos porcos, a deterioração do belo e a idéia cada vez mais crescente de que, se hoje Kierkegaard voltasse ao mundo e se deixasse globalizar pela apatia geral, iria, como os demais, também confundir pedologia com pedofilia, ditadores com dentaduras, rali com ralé e munhecas com minhocas...

Assim, cada vez mais imbuído em crocodilianas vicissitudes e bebericando com avidez no gargalo da *Moringa secreta* de Fulcanelli, resta-me somente imaginar samurais holandeses colhendo papoulas com papilas, o grande Antônio Contente a psicografar as belezas do mundo para um Antonio Callado, ou ainda, em casos mais densos, acender um charutão e evocar por instantes os rebarbativos princípios metafísicos de Kant, só para evitar que o amado leitor entre de vez numa fria.

Bom dia.

Ligeiros achaques de insensatez

"Há algo de podre no reino da Dona Marta"

(lavra pessoal)

Agora sim. Sabendo que há gelo em Marte e que só falta a confirmação da existência de uísques para que possamos nos mudar pra lá, acho fascinante relembrar as quinquilharias emocionais. Eu, por exemplo, quando em estado de total abandono filosófico, proponho recordar fatos ocorridos há muito, envolvendo-me em imagens brotadas do Remoto e, então, é quando baixa a sedutora sensação vivida por Byron ao ingressar na noite, onde se tornava muito mais volátil pela aura byroniana-espiroqueta que exibia do que pelas palavras voadoras que escrevia. Difícil explicar, sobretudo quando se está com miolos em disponibilidade e as imagens simplesmente vêm vindo, assim, aos borbotões e, de pronto, notamos que o termo anda em desuso e sentimos uma gramatical ansiedade em ajudá-lo a reabilitar-se e voltar a ser o que foi nos tempos de La Fayette, o homem sábio e para quem "borbotões" valiam por alguns fios de seu inexistente bigodinho azul.

E, como toda comoção noturna acaba fatalmente me afetando o bestunto, vejo que é chegado o momento da decisão de me colocar sob os cuidados da Ciência. Sim, o que de melhor existe que consultar especialistas num momento desses, que não a absoluta e orgânica certeza de estar possuído por males somatizados e iludir Hipócrates, dizendo-lhe que os achaques de ontem voltaram hoje a se manifestar pela manhã? Hein?

Contudo, evitando que incômodas nosofobias se instalem e a conselho de Diane, saio de casa ventando e, cheio de prudência, resolvo recorrer a um coronel que aprendeu acupuntura em Agulhas Negras. E ali, mediante pinicadas trevosas e salabórdias monossilábicas tão comuns à hora dos grandes suplícios, deixo que depurem meus males, assim como são Sebastião se deixou flechar inutilmente por convicção. E, depois, furado como um queijo, retorno às obsessões que me prometem açoitar até o canto das cotovias para reiniciar tudo outra vez.

Então, embora despercebido, me ocorre que se comemora o dia de santa Sara. E, como parece que Sara cura, vejo-me na obrigação de lembrá-la com seus cem anos e, não obstante Abraão seja louvado pela bonomia, longevidade e um geriátrico apetite sexual, nunca esteve em Roma, não conheceu Nero, a Cicciolina, nem jamais depositou seus bens no Banco Ambrosiano, o que, aliás, me pareceu sensato. Sim, que o papa Ambrósio III proferia palavrões, está até nos manuais de jardinagem. O que poucos sabem é que jamais pôde chefiar o Vaticano, tendo de permanecer restrito a Avignon. Também, pudera, era um desbocado! E, como tinha ouvido dizer que só quem tem boca vai a Roma, conformou-se, ficando em França a se olhar no espelho em busca de respostas otorrinolaringológicas.

Sabendo disso, vejo que a catarse persiste em me transportar à Cidade Eterna, local em que um dia encontrei Michelangelo e lhe disse para, definitivamente, abandonar essa coisa de afrescos. Todavia e obstinado, não me deu ouvidos e retornou à Via Vêneto onde, como se sabe, só há frescos.

Assim, permaneci na Villa Borghese. E ali, massacrado pelo "pompeux" da arte imperial, mais o malabarismo urbano para despistar lambretas, tomado pela consciência de que o pré-rafaelismo seria mesmo uma droga, lembrei-me com carinho de Edward Dayes, que se suicidou um dia atirando-se ao Tâmisa, porém, acreditando piamente que a liberdade termina quando não há mais ninguém que queira defendê-la, e sobre quem, afinal, jamais recaíram dúvidas ao permutar a maliciosa mediocridade dos troca-tintas pela perniciosa chatice dos borra-botas.

Bom dia.

Pequenas litanias para um grande Nada

"Certamente, o alhures ainda é o mais encantador recanto das geografias"

(lavra pessoal)

Em recente pesquisa realizada pela *Toledo & Cúmplices*, revelou-se o motivo da figadal disputa entre hindus e muçulmanos: óleo de fígado de elefante, que o colonialismo britânico chamava simplesmente de *Eleph liver oil*. Também, pudera! O equivalente da Semana Santa daqui corresponde a um biênio pagão de lá. Portanto, enquanto nos entupimos do velho bacalhau herdado das hordas lusitanas, lá dizimam-se manadas do paquiderme por seu superlativo teor búdico-hepático-malabarístico.

Meu Deus! Justamente agora, quando me dizem que há pouco a Índia passou a ter um bilhão de habitantes... Terrível, saber que Rabindranath Tagore poetou tanto para tão pouco, e que a miséria, apesar da opulência ostensiva, se tornara sinônimo de orgulho, quando o luto fechado devesse ser adotado em forma de precaução pré-calcinha. E só então voltarmos a ler o *Darkroom* daquele autor com a absoluta tranqüilidade de saber que ali, no ambiente místico e penumbroso dos *Vedas*, a estultice esteja vedada e não se fabriquem mais legiões de miseráveis em busca da altivez nacionalista de esfaimar-se exibindo ao mundo sua tenebrosa e inútil fecundidade.

Pensando nisso, lembro-me dos avatares da teogonia bramânica e sinto que os deuses se entristeceram com o que parece ser comemorado em euforia. Sim, se *Kama*, lá, significa divindade protetora do desejo sexual, imagina-se que deva haver também um *Kriado-mudo*, que tudo veja e nada diga sobre essa coisa de lotar planetas e só culpar a eloqüência de seus hormônios ensandecidos.

Bobagem! No tempo de Gandhi, alegava-se que a fornicação era um meio de protestar contra o imperialismo e *Jiva*, a alma individual, só atingiria a consciência de sua verdade quando os gringos dessem no pé e a mãe Terra, afinal, pudesse dispor de seus úberes para alimentar os esfaimados da pátria sob as cretinas veleidades da autodeterminação. Sacrossanta burrice! Conforme se viu, os ingleses partiram, a rainha-mãe chegou aos cem encharcada de gim e elefantes cirróticos continuam circulando às margens do Ganges, levando — de Shandigarh a Nova Dehli — a velha utopia da perpetuação e essa história maluca de que superlotar o planeta não passa de atuais exageros capitalistas a confirmar que os habitantes da região — incluindo Paquistão, Afeganistão, Bangladesh, Sri Lanka, Nepal, China, et quejandos exóticos — procuram se multiplicar só para intoxicar-se de Deus, mas que, depois de exterminá-Lo de vez, irão mesmo se bombardear mutuamente. Primor da estupidez catequizante de políticos que zurram e monges que mugem.

Nem imagino se o que dizem é verdade. Como se sabe, abasteço até meu isqueiro com Fantasias. Então, para conter a crescente e descontrolada fúria de natalidade suicida, passo a acreditar somente nas acomodações do desejo e me certificar, de forma inconsciente, enfática e aleatória, de que a humanidade nada mais é do que uma pura e simples questão de favas contadas. Dessa forma, poderei obter a ilusória certeza de que tudo está sob controle e que a pílula — embora dourada — jamais trará efeitos sobre a platéia que, como se vê, se multiplica, acrescentando coisa alguma ao Nada existencial que aí está.

Assim, além de demonstrar a tragédia de que o destino do Homem é tornar-se humano, vemos também que a mitologia esteve sempre correta, informando-nos o tempo todo sobre um Éden que se tornará caótico. Contudo, resta saber se a história não passa de alarmismo das mídias sensacionalistas ao zombar da contracepção, promover viagras, enaltecer sutiãs sem bojo ou simplesmente, reafirmar que a antropologia está em vias de se sucatear pela má qualidade dos produtos que anuncia.

De uma forma ou de outra, acho importante recordar que o *Elo perdido* jamais foi encontrado e, se isso algum dia se der, lembraremos que Darwin advertiu que nosso próprio quintal se atulharia de símios e que o estúpido sentimento de perpetuá-los nada mais era que o sadomasoquismo cuspindo de manhã num copo onde se beberia ao anoitecer.

Com isso, e o auxílio da insensatez xerográfica, percebe-se que a Fênix apagava incêndios no ninho com pura água de bidê, prevendo sabiamente que as relações humanas se tornariam um prosaico jogo de virtudes prestidigitatórias, em que tanto homens quanto mulheres adorariam perder as calças e só a merda demográfica ganhar os tubos, ainda que a Natureza bocejasse entediada, substituindo deslumbrantes artifícios gozosos por meras artimanhas gasosas.

Bom dia.

Como dromedários no jardim de Alá

"Incrível como pessoas vazias têm sempre o dom de nos encher o saco"

(lavra pessoal)

Agora — e de uma vez por todas — reafirmo que arqueologia e literatura, apesar de aparentemente antípodas, se encontram tão próximas que se torna difícil distingui-las, senão por um perturbador cheiro de mofo. Meditando a respeito e totalmente ansioso por uma conclusão, passei a roer unhas e, no exato momento em que atingi os cotovelos, surgiu-me a brilhante noção flaubertiana do que isso de fato pode significar. Sim, o grande Flaubert me pareceu o melhor exemplo elucidadivo de toda essa noturna, invasora e assombrosa questão filosófica.

Ao concluir *Madame Bovary* e ver-se enovelado num rocambolesco processo jurídico de natureza perversa e larvar, tratou de meter a caterva no buraco e, completamente alucinado com as delicadas questões arqueológicas inerentes ao século XIX, escreveu *Salammbô*, sua mais protéica, pirotécnica e inverossímil criação, porém, exibindo vasto estofo cultural, em que leões são crucificados, mercenários promovem banquetes apolíticos, risíveis véus são sacralizados e, o mais imponderável: a virgindade não era considerada privilégio dos filmes da Kodak. Tempos fantásticos! A poluição inexistia; como o arroz à grega, a democracia era uma utopia saboreada a contento, a violência urbana se praticava com harmonia e — sobretudo — a estética tinha cânones de bom gosto que se mantiveram no pedestal dos museus durante séculos. Maravilha!

Assim, como não pensar em Flaubert montado num camelo a escrever romances arqueológicos, hein? Difícil mesmo seria imaginá-lo sobre um camelídeo por aqui, onde, mesclados a camelôs, os camelos são oficializados, a aridez é total e a história sempre se desenvolve sob o ranço dificultoso e burocrático de algumas antas administrativas.

Há pouco, comigo mesmo aconteceu fato extraordinário: como a cidade parece um sítio socioarqueológico, o scotchmóvel caiu num buraco e, já que estava nele, resolvi fazer prospecções e o resultado não foi outro senão — como tudo o que me acontece — estarrecedor! Lá dentro, como um Howard Carter maravilhado e de posse da picareta forjada por Vulcano, escavei pouco mais e acabei por descobrir a antiga cadeia municipal e, de lá, exumei um legítimo e pútrido intestino republicano que, segundo meus cálculos, esteve preso durante anos.

Excelente saber que já no século passado intestinos soltos traziam problemas à população. Na época, apesar das neuróticas repressões monárquicas do Dr. Ross, sabe-se que a província fora invadida por forte e inexplicável odor provindo de baias anônimas, conspurcando as ventas do populacho com exalações sediciosas, assim como parece voltar a acontecer hoje em dia.

Porém — e retornando à ruminância sociológica do momento atual —, fico a meditar sobre a questão do camelo de Flaubert e achar que toda a trama de *Salammbô* poderia se desenvolver aqui. Não com as comiserações operísticas e maneirismos flamengos de Ernest Reyer, mas sim com a escatológica ancestralidade que tanto glorifica certos feitos locais, em que os heróis não têm — como os primitivos — a imposição de só matar ou morrer, mas, sim, de manifestar-se gloriosamente e acabar derrapando pela paisagem fecal.

Então, diante dos paradisíacos talentos da região e para ter mais certeza de sua imortalidade, reescreverei aquela obra, e — como Flaubert — dirigirei o espetáculo, convocarei camelórios, abrirei inscrições e arregimentarei voluntários pseudo-antiderrapantes. Contudo — é claro —, sempre prudente e rejeitando os mais voluntariosos que, mesmo camelando para vicejar nesse deserto de incoerências cognitivas, ainda persistem em confundir as ondulações da verdadeira bossa com a rigidez de sua própria boçalidade.

Bom dia.

Além de Tudo e apesar do Nada

"Entre o pragmatismo de uns, o dogmatismo de outros e a estupidez coletiva, melhor mesmo é permanecer no uísque"

(lavra pessoal)

De que a cidade está à matroca, todo mundo já se inteirou. O que poucos sabem, porém, é o que significa "matroca". Portanto, satisfazendo a ansiedade popular, o pequeno Toledo volta à cena e, com seu conhecido espírito de participação comunitária, levanta os tapetes do discernimento e exibe à população sequiosa a Verdade em seu estado mais puro, explicando-lhe definitivamente o mágico significado da palavra *"matroca"*.

Para tanto, necessita-se primeiro descer do cavalo, entrar em Alfa, recordar que muito mais altivos que os britânicos que possuem a *Casa dos Comuns*, possuímos o *Lar dos Medíocres* e só então reportar certas passagens da vida de Napoleão Bonaparte, razão de existir de Lauro Péricles e Desirée Clary, a mulher que soube conciliar política, frescobol, sexo e carpintaria doméstica, não necessariamente nessa ordem de entretenimentos.

Como se sabe, Napoleão nasceu em Ajaccio, Córsega, e, não obstante imaginarmos sua população jactante-gargalhativa, produziam-se ali grandes queijos, todavia, um único homem predestinado a marca de conhaque e gorgonzola, surpreendente ambivalência conseguida só por ele, pelo comendador Ettore Calhambonne e o conde Pedro Domecq. Assim, fica claro que o corso carnavalesco nada tem a ver com a Córsega napoleônica, ainda porque e sem conflitos, um existiria sem o outro, assim como o queijo sintético sem leite ou Pierrôs machistas sem Colombinas feministas. Pura simbiose prestidigitatória.

Examinada a questão, resta a necessidade de saber do enigma: por que, afinal, Napoleão vivia com a mão enfiada na farda entreaberta? Estudos recentes publicados pela revista *Nature* nos dão conta de que se tratava de uma hérnia esofágica, da qual se operara em Toulon no início de sua abracadábrica carreira militar. Na ocasião, essa coisa hernial parecia séria, sobretudo sabendo-se que Robespierre não suportava que as estrangulassem, preferindo sempre cultivá-las de modo revolucionário para depois guilhotiná-las com sua jacobinista delicadeza, método também usado com fartura para a desobstrução mental daqueles que ousassem contrariá-lo em sua abstergente e radical jardinagem ideológica, assim como têm feito as hordas do PT local.

Pois bem, de posse desses dados extraordinários e voltando a Napoleão, soube-se que, ao ser retratado por Antoine Gros na pintura *Ponte de Arcole*, o indômito general conheceu Jeaninne Matroc, jovem que, igualmente curiosa sobre a mão oculta, lhe perguntou o porquê daquela misteriosa postura. Após um delicado arroto, Bonaparte espiou-a de soslaio e, como era bela, sob promessas de doces e guloseimas, levou-a para Fontainebleau e lhe mostrou tudo, incluindo a secreta mão-boba, o que se tornou depois a origem da verdadeira separação de Josephine.

Na época, ao se trancar por dias com ela nas alcovas palacianas e não se incomodar nem mesmo com as fúrias de Wellington, dizia-se capciosamente que o governo "estava à Matroc". *Vox populi, vox Dei*! Que fazer? Sim, era outra de suas safadagens ao lançar mão de quase todo o continente, realizar campanhas no Egito, proclamar-se imperador de França, rei da Itália, abrir os peitos em Austerlitz, vencer prussianos em Jena, russos em Friedland e depois cair na besteira de substituir a ingênua Jeaninne Matroc por Marie Louise de Habsburgo-Lorena, o que o levou a cometer desatinos, como esquecer-se de regular termostatos ao invadir Moscou, deixar vazar informações privilegiadas do PIB parisiense e — o que é pior — iludir-se por outra campanha em local pouco potável chamado Waterloo, que, pela própria insalubridade aquática do nome, já evocava derrotas admiráveis. Tudo culpa da hormonal sede de Poder, diz-se depois.

Desta forma e concluindo, fica clara a inferência sobre a perplexidade popular através da corruptela existente na atual conjuntura eleitoróide de vices inexpressivos e personalismos exacerbados, descobre-se afinal que, a exemplo da desastrosa escolha napoleônica ao permutar Madame Matroc pela matrona matreira, hoje em dia, a estúpida e democrática opção de substituir um bom governante morto por outro vivo e matroco significa simplesmente... má troca.

Bom dia.

Pequenas troças sobre um grande troço

"A rotina nem sempre é perfumosa como nos faz crer o olfato das credulidades"

(lavra pessoal)

Ainda que pareça supérfluo atribuir-se benesses laudatórias à arqueologia familiar, lembro que, do alto de sua sabedoria madrileña, minha bisavó, Urraca, aconselhava singelas sementes de mostarda para acalmar a fúria e os achaques da constipação. Maravilha! Parece simples, porém, a complexidade escatológica proposta na etiologia do tema é muito mais vasta que desobstrutiva.

Ora, não obstante a velha dama nem chegasse aos pés da avó do coronel Saliva, o herói paraguaio que sucumbiu à sua própria eloqüência, fica fácil adivinhar-lhes grande esperteza. Não bastassem as olorosas evidências ali contidas, restariam não só toda a antifilosofia espanhola do século XIX como também — e sobretudo — as teorias psicanalíticas urdidas a partir de Freud que, com seu perfil casmurro e meningítico, deu o *start* às teses toledianas atuais, provando — preto no branco — que, se mostarda faz bem aos intestinos, fará também à cabeça. Simples! É só notar a incrível semelhança anatômica existente entre as volutas do cérebro e dos intestinos e concluir essa fulminante verdade. E vou mais longe, observando o que certos políticos dizem no palanque e realizam depois, na cupidez dos *toilettes* parlamentares... Excelentemente ignóbil, é tudo muito análogo e o conteúdo temático de ambos, o mesmo.

Ali, observa-se a íntima relação entre as atitudes do pensar público e do evacuar privado. Assim, contrariando Descartes, proponho-lhes agora a contrapartida silogística *Defaeco, ergo sum* que, dito em bom latim, fica notável, especialmente sabendo-se que o verbo *Defaecare* já era empregado pelos mais loquazes tribunos da temporada, mas sempre tendo a nítida intenção de exprimir "Purificação". Daí, o antigo hábito de se dizer o *mens sana in corpore sano*, referindo-se às prodigiosas virtudes laxativas praticadas pelos latrineiros em exercício. Óbvio como a retórica barroca de Vieira e o sonhar agônico de Breton.

Voltando ao assunto, duvido que Freud tenha notado essa íntima correlação lingüístico-intestinal. Porque, é claro, isso não é para amadores. Além do mais, os germânicos não possuem a visceralidade peninsular necessária para torná-los idôneos nesses meritórios assuntos fecais. Só um surrealista de grosso calibre poderia se dar ao trabalho de revelar ao mundo tais descobertas. E o único que efetivamente se aproximou da luz antes de mim foi Cesare Lombroso que, ocupado em desenvolver sua antropologia criminal, deixou-se levar por um conjunto de perturbações metabólicas que o desviaram da exatidão para cair no total bizarro das burocracias. Uma pena. Antes, só Girolamo Acquapendente, o grande anatomista da Renascença é que, a partir de um retrato da sobrinha, concluiu com sistemática erudição que os bebês se parecem com os embriões que foram e com os velhos que se tornarão. Enfim, o que resta é desenvolver o tema à luz da pseudo-solidez do raciocínio contemporâneo e apontar sua volatilidade, recordando — lógico — todas as flatulências contidas naquele majestoso, mas nem sempre inodoro, ato de pensar.

Assim, torna-se consolador evocar as sábias noções da bisavó ibérica e da recomendação que fazia sobre a eficácia das sementes de mostarda para corrigir a higiene mental das populações.

Magnânima, isso só vem provar que há gerações a família contribui para o bem-estar social que, como se sabe, só não é maior porque as pessoas não se dão conta de sua própria e peripatética versatilidade intelectual. De lá para cá e daqui para lá, transportam toneladas de merda no interior do crânio, alguma lucidez nos intestinos e um gozoso sorriso de ingenuidade nos lábios. Não é formidável?

Afinal, e sabendo ser incomum tomar-se consciência de tantas potencialidades simultâneas, aproveito esta futebolística ocasião em que a inteligência coletiva parece exibir com os pés o que poderia ter sido feito com as vísceras para, humilde, reconhecer ter sido um ventríloquo falando comigo mesmo e — sobretudo — abrir um novo uísque, colocá-lo no copo e, afinal, justificar tantos motivos para me fechar em Copas.

Bom dia.

Soturnas lembranças de Lady Murphy

"Tanto a direita quanto a esquerda são inofensivas. O perigo está mesmo é na estupidez"

(lavra pessoal)

A recíproca — dizem — é sempre verdadeira. Pura bobagem! Sobretudo, sabendo-se que presidiários brasileiros compram mísseis por telefone; sutiãs da Madonna são vendidos por fortunas a fetichistas despeitados e — o pior de tudo — o ser humano comemora muito mais a existência de água em Marte que uísque em sua própria casa. Não é fantástico?

Pensando na tolice que tais palavras significam, acendo quatro cigarros simultaneamente e, enquanto a densidão de seu *fog* ameaça envolver as penumbrosas sinuosidades do estúdio, passo a recordar delícias vividas no outono, quando inefável repórter inglês me ligou marcando entrevista.

Diante de sua impaciência, expliquei-lhe que acabava de acordar e os amados neurônios ainda não estavam aptos, conforme recomenda a prudência no manual de primeiros socorros inventado por Nietzsche e que, a exemplo dos cantores de ébano, minha voz matinal estava muito grossa e não passaria pelos fios do telefone. Mas não adiantou. Arrogante e obstinado como cães em busca de um poste, queria a aventura da entrevista a todo custo! Portanto, lembrando-o que tinha quatro cigarros carregados sob minha responsabilidade e apontados em sua direção, perguntei-lhe se seu programa era ao vivo.

Assim, abusando de minha reconhecida indulgência e exagerando em britânicos sarcasmos, disse que sim, desde que tal fumaça não o fulminasse do outro lado, deixando-o como ectoplasmas tateando no além...

Ora, pensei, por que deveria espremer o *sumuum* da consciência semidesperta com tais bizarrias? Afinal, sabe-se, nesse instante, só duas coisas nos são permitidas: o xixi digno das fontes de Bernini e a reconfortante oxidez das músicas de Schömberg que, na falta de miraculoso urinol temático, serve perfeitamente de fralda filosófico-dodecafônico-descartável.

Mas como insistiu, acedi e perguntei seu nome:

— Ornal — disse-me —, Ornal Ornever...

Meu Deus, pensei, afinal, um repórter resoluto!

Bem, diante da ameaçadora identidade de nome tão — digamos — imperativo, resolvi atendê-lo e, prestes a mudar de idéia e sugerir que abandonasse o jornalismo em prol dos bombeiros, expliquei-lhe que antes precisaria esperar para que eu fizesse três coisas vitais: primeiro, colocar um disco de Sir Edward Elgar regido por Jerônimo Tinteiro, o grande maestro que, apesar de ter nascido em São Tomé das Letras, era completamente analfabeto. Depois, preparar um autêntico chá indiano com sabor das borrachas de apagar marca Elephante e, por último, sob a interferência direta da maldita telefonia que estalava como castanholas, dependurar o retrato da rainha ao lado da sucata do imperialismo mais broxativo e só então, de posse do pior *cockney english* possível, iniciarmos aquilo tudo chamado entrevista.

Pronto! Atendidas tais exigências, veio a primeira pergunta que, para sua desgraça, era sobre autores abstêmios... Horror! Acendi novo cigarro e justifiquei, dizendo então que, nisso, sua amada Albion era um túmulo. Após o desaparecimento de Chaucer, Shakespeare, Keats, William Blake — e eventualmente Manley Hopkins —, só mesmo um poeta como Dylan Thomas para salvar o império fadado à mesmice da limpidez de si mesmo.

Assustado, perguntou-me então o que achava da impudência narrativa de um D. H. Lawrence. Meu Deus...

Nesse instante, irritado com a alusão endêmico-mobralesca de quem não distingue o sacro do ilíaco, franzi o cenho e, usando fórceps emocionais como desobstrutor mental, encerrei a natimorta entrevista pontificando:

— *Now*, Ornever, recorda-te quando Lawrence publicou *O amante de Lady Chaterley* e amigas lhe contrabandeavam o livro em suas calcinhas? Pois bem. Aqui, neste jardim tropical, já houve *Marimbondos de Fogo*, também contrabandeados em calcinhas pelo poder público sobre a ignorância privada. Todavia, não obstante a turgidez ginecológica causada por literatura tão, digamos... epidérmica, sobrevivemos ao festival das *lingeries* surreais que assolaram o país. E esse — disse-lhe — é um excelente motivo para não falarmos em abstinência e encerrarmos essa entrevista já.

Ele não compreendeu coisa alguma, é verdade. Porém, introspectivo, fui levado às profundezas da meditação acerca dos nostálgicos prodígios da burrice e seus exuberantes lampejos de estupidez.

Então, atingindo os pináculos do Nada, passei a refletir analogias sobre a abstenção do real que, tão absurdo quanto cretino, me faz concluir que nossas amenidades continuam exóticas, assim como as investidas contra a orfandade da urbe e — o que é mais dramático — tendo sempre em vista o ilusório da democracia, quando então votamos num humanista e somos governados por quitandeiros, confundindo Lady Murphy com primeiras-damas ou trocando os prazeres da lei da oferta e procura pela insalubridade dos vasos comunicantes para, afinal, de olhos úmidos e mãos vazias, acabarmos simplesmente de saco cheio.

Bom dia.

O impávido colostro

"Quando o assunto é política ou trânsito, a filosofia se torna intrafegável"

(lavra pessoal)

Nem bem as bandas do Oriente clarearam e pronto! O trabalho noturno é interrompido por H. Loppe, meu inefável motorista que, nestes tempos de estupidez globalizada, resolveu cuidar do corpo (já que o espírito nunca lhe serviu para nada) e sair na Aurora correndo pelas vias públicas como um pedestre alucinado em busca de saldos de liquidação.

Expliquei-lhe que era tudo bobagem e que, se Einstein pensasse assim, ainda estaríamos no tempo das cavernas, no que, aliás — e é de se convir —, não há muita diferença. Mas nada compreendeu, tirou o quepe para coçar o crânio e notei que ficara careca. Sugeri então que penteasse as sobrancelhas para trás e que, embora fosse parecer uma lâmpada camuflada, ao menos não apanharia insolações, o que me obrigaria a levá-lo ao neurologista mais próximo para — entre temíveis ameaças de sucção cerebral ou lobotomia total — apagar-lhe os parcos neurônios ainda existentes.

Contudo, como nossas conversas são terrivelmente fotossensíveis e têm rigoroso prazo de validade, perguntei a que veio e — sobretudo — que fosse rápido e me deixasse em paz. E foi aí que o peso da manhã, essa hora cruel e assustadora, me desabou com a vil realidade. O pobre homem *viera* me dizer sobre umas leis de trânsito que passaram a vigorar há séculos. Ora, o que tinha eu — o ser mais eqüidistante das ruas — a ver com isso? Além de tudo, era ele o chofer. A manutenção do scotchmóvel era sua responsabilidade e essas asneiras jamais deveriam interferir no sacrossanto e leguminoso trajeto de meus raciocínios matinais.

Dito isso e com beneditina sabedoria, expulsei-o com um soberbo pontapé no rabo e procurei retornar ao bom caminho do ascetismo. Porém, o estrago estava feito! Aquelas idiotices obliteraram-me os dutos criativos e, em conseqüência, minha obra estancara por alguns instantes! Droga!

Por outro lado fora excelente! Nada como saber reciclar o sucateamento social e, com magia, transformá-lo no colostro filosófico com o qual me nutrirei por mais este inverno e sob deuses insones a me buzinar instantâneos de insensatez.

Assim, embora imponderável, ocorreu-me o problema do trânsito e, em transe, comecei a girar e correr em torno da cauda do piano para ver como ficava. Haveria infrações na caudalosa atitude? Algum agente idiota viria multar-me? Ocorreriam congestionamentos insuportáveis ou valeria a peninsular sabedoria que diz "*Piano piano si va lontano*", hein?

Enfim, essas coisas medonhas de que acusam a lei simplesmente não ocorreram. Ainda que tenha havido prudência, concentração e recatada dirigibilidade, não consegui imaginar um piano usando gasolina, catalisador, cinto de segurança, estojo de primeiros socorros e buzinas inaudíveis, nem mesmo sua performática sonoridade estridulando asneiras...

Portanto, repito: tudo bobagens! A grita geral contra medidas legais sancionadas ao trânsito não passa de impotência precoce-ejaculatória. Caso a legião motorizada quisesse mesmo enérgicas providências contra o burocrata das ruas, deveria agir como o papa Urbano que, apesar de nascer em Urbino, odiava urbanistas, acabando por exorbitar, travestindo-se de meirinho-polimorfo-hexaclorofeno. Sim, é isso! Alguém já ouviu falar de processos de trânsito contra tribunais do Santo Ofício, em que nem tudo era muito virtuoso ou oficial e coisas aconteciam poluindo e atropelando ideologias um pouco menos, digamos, tribunáveis? Não, claro que não! Portanto, pura intolerância! Sobretudo no que diz respeito ao álcool! Como se sabe, odeio abstemias protecionistas. Porém, que fazer com H. Loppe, o motorista, que adora até engarrafamentos de trânsito e só dirige após ingerir uma onça e meia de meu melhor uísque? Como culpá-lo por mais essa proeza se a plurirrealidade também o perturba? Além do mais, tenho sempre em mente os desígnios contidos no livro *O homem unidimensional*, de Marcuse, o filósofo que depois de haver trocado os densos raciocínios de Frankfurt pelas amenidades cretinas da Califórnia, em baixa, ficou meio alto, esqueceu o pisca-pisca ligado para a esquerda, acabando por cair direitinho no centralizador abismo das histórias vãs.

Assim, pelos ovários de Afrodite, jurei nunca mais me aborrecer com duas coisas inúteis, mas vitelinamente ligadas entre si: trânsito e política.

A meu ver, rodízios, só mesmo em churrascarias baratas. Quanto à tediosa intrafegabilidade das eleições, o que falta mesmo é a instituição do sul-frágil mensal, no lugar dos viciosos sufrágios universais e a restauração dos bondes puxados a burro no lugar de motoristas metidos a besta. Aí sim, embora os protestos do chofer, H. Loppe, não só o trânsito fluiria melhor como cidadãos poderiam ruminar a burrice contemporânea sob o frescor das estrebarias, não obstante, é claro, vendo ruas menos carroçáveis, porém — e para euforia geral —, os políticos muito mais transitórios.

Bom dia.

Vertigens ao pé da letra

"Se compararmos a potabilidade da água à do uísque, simplesmente veremos por que o monstro de Loch Ness desapareceu"

(lavra pessoal)

O bom palerma à casa volta. Pois foi pensando nesse bumerânico axioma doméstico que me lembrei agora de Sebastian Brant e do despotismo esclarecido de sua *Nau dos insensatos*, obra que levou Hieronymus Bosch a ingressar na imortalidade dos irracionalismos sombrios e a sociologia alemã a afundar de vez no esquecimento geral.

Ora, perguntarão, por que lembrar disso agora? E simplesmente lhes direi que o mar não está pra peixes. Portanto, anfíbio praticante e sabendo que não existe conformismo sem grandes doses de estupidez, devo evitar a tragédia de Gaetano Mosca, o historiador italiano que se dispôs a atravessar o canal da Mancha a nado e, enroscando-se nos poemas que Anchieta escreveu no século XVI nas areias de Itanhaém e o mar levara, acabou morrendo afogado. Portanto, todo cuidado é pouco.

Assim, advertido de que a realidade continua medonha, acho por bem preparar um malte e me livrar da sujidade que ela tanto evoca. Portanto, será bom juntar higiene ao ato de criar e, lesta e furtivamente, apanhar o computador e entrar correndo na banheira. Sim, nada melhor que escrever dentro dela. Ali, como hipopótamo enlevado, as idéias me vêm como um raio, uma hemorrágica torrente filosófico-existencial insustentável, incontível, incontrolável, incoercível, irreprimível, irrefreável... Meu Deus! Como é bom ficar nela, possuir toneladas de adjetivos, ouvir o *Parsifal*, de Wagner, e saber que o mundo está ali fora, chafurdado em insânias vãs, politicagens, negociatas, bandalheiras que se tornam tão comuns quanto os sabonetes marca Finesse que Carmen Miranda jurava usar em Los Angeles.

Depois outra, na banheira, além de tudo se tornar muito mais assepticamente aquático e amnioticamente uterino, há o consolo das bolhas, do ondular das marolas, do patinho de borracha, das imensas torneiras a jorrar histórias alucinantes, enfim... Àqueles que amo e possuam ambições literárias ligeiramente submergíveis, recomendo: escrever na banheira ainda é o *must* da temporada, sobretudo havendo a heróica vontade de se entreter num gesto digno de Marat, em que — a qualquer momento — possa irromper desvairada uma Charlotte Corday, abrir o traiçoeiro espartilho e, no apetitoso momento de exibir-lhe as farturas, pronto! Tirar de lá um gigantesco punhal e cravá-lo em seu tórax tabágico-jacobinista, de onde só sairá um pouco de vida, porém, junto das mais ricas pérolas da temporada.

Aí, então, é dar graças por defuntar na imersão das perplexidades e, com um olho, examinar o *laptop* e, com outro, avaliar a girondina coloração das águas, gargarejar anarquismos e, enfim, morrer sussurrando hinos, enquanto revoluções se articulam, seja pela libertária e acéfala poesia de Chénier a convocar tambores, seja pelo *trompe l'oeil* coreográfico de Robespierre e suas guilhotinas malditas.

Todavia, na hora suprema, quando o *frisson* se apossar das multidões sanguinárias, PLUFT! Nada mais será que um sopro, um afago sobre nossas nucas sedentas de carinho patriótico e o ardente desejo de trocar deprimentes pás de terra por abstergente paz de espírito. Só isso.

Meu Deus! Ainda que as ambições estivessem no âmbito profilático, este banho mexe adormecidas regiões ancestrais. Droga! Será o insidioso perigo de febres palustres a me sondar neurônios umedecidos? Ou quem sabe a Realidade, muito mais densa que a Fantasia, forçando a total submersão do artista àquelas límbicas regiões onde a torre das igrejas e o quepe dos generais se mostram sempre superiores ao horizonte?

E aqui, em meio à borrasca, no interior deste bergantim de louça com muita água e farto uísque, lembro com carinho das Nereidas, obrigadas a permutar inefáveis banhos de pureza por esta funesta chuveirada de mesquinharias com que se pretende agredir uma cútis rosada. Pena que décadas de imergência em águas criativas e poeticamente suaves sejam agora mudadas na emergência de um chafurde igualitário e insane das desditosas iniqüidades termais.

Lembro-me então da imersão de Aquiles e do punho que lhe segurou os calcanhares, tornando-os tão suscetivelmente frágeis. E lamento a perda do Dr. Scholl e o pauperismo espiritual deste tempo de mãos postas e tantas duchas ao pé da letra.

Afinal, apesar da vertiginosa intenção de dizer prazeres filosóficos sobre o périplo náutico por um simples banho, a Lógica outra vez se mostrou dogmática, rançosa, anti-higiênica e derrapante, restando-me unicamente a esperança do semicúpio, o qual — e por razões óbvias — não compartilharei com ninguém, senão — é claro —, com meu amado bidê de ônix que, como se sabe, tem tração nas quatro rodas e, adaptado às fortes inclinações da insanidade contemporânea, jamais cometeria o deslize de cair na real, confundindo os nobres pudores do César Ladeira com as bundas cretinas de um Lobsang Rampa.

Bom dia.

Brioches filosóficos

"É perigoso comer bem no meio de gente que arrota mal"

(lavra pessoal)

Apesar da fúria sanguinolenta, os reis ingleses de Shakespeare nos são tão familiares como se tivessem saltado dos livros de Lobato, o escritor que encantou crianças entediadas e destruiu artistas polêmicos.

Então, do trágico *Lear* ao pobre *Ricardo II*, do diabólico *Ricardo III* ao heróico *Henrique V*, os cenográficos banheiros da História ainda preservam atavismos provindos do WC e, ainda que seja sigla de Winston Churchill e este nunca tenha descoberto os pruridos do cravo bem temperado, de Bach, e da canela condimentada de Breton, os prazeres de um verdadeiro *water closet*, pintasse de forma retrógrada, sofresse de flatulências vis e possuísse filhos absolutamente cretinos, não há como negar-lhe a genealogia provinda da ilustre casa dos Marlborough, o que, aliás, me faz acender um cigarro antes de iniciar outra inenarrável descrição do que se passa nos armazéns da consciência enluvada, ocultar qualquer *merchandising* imaginário, achar uma brecha entre tantas coerências reportando o equilíbrio geral e, finalmente, poder sentar-me para gozar os prazeres do interior do Nada.

Assim, como explicar, por exemplo, a degenerescência ou os hábitos acrobático-sexuais daquelas formosas duquesas do século XVI se eu mesmo não tenho certeza nem do que se passa hoje com as marafonas existentes no varejo? E a coisa das coibições e pudores que ainda persistem, hein?

O que sei e quando pondero, caio de joelhos e sempre, um olho em Deus e outro no garçom, as lembranças da repressão me vêm à mente, assim como aquela incontível vontade do xixi durante as exéquias do bispo, ocasião em que aproveito para colocar a religião em dia e a urina no local correto, isto é, diretamente no crânio de Torquemada, o homenzinho arrogante, preconceituoso e tão imbuído da Fé que, não obstante obedecesse a dogmas dignos de gargalhadas, remetia mesmo alguns para o etéreo, contudo, sempre travestido da maior devoção que as bulas papais evocavam com sabedorias marca Barbante.

E todos eles, escaldados como lagostas me vêm agora, singelos, pungentes, lúgubres e alcoólatras, pedindo exorcismos póstumos às dores sofridas por séculos. Porém, nada pessoal... Só a alquimia do verbo e algumas defumações noturnas... Sim, após ter fundado a igreja Budi-cristianista e iniciado a importação jamais imaginada de maltes berberes e tapetes escoceses, fiquei credenciado a pensar nas pobres almas. E com o tempo isso foi se exacerbando de tal forma que, hoje, diante de tanta sapiência, não vejo como evitar sorver bons uísques e, em homenagem àquela legião desesperada, plantar meu espanador bem no rabo da história das piedosas virtudes e lembrar Giordano Bruno como se fora o colega de escola dizendo imposturas.

Afinal, o que o teria levado a enfatizar tantos discursos cósmicos? Meu Deus, o que a sabedoria lhe teria metido nos miolos para encaminhá-lo a um fim tão dolorosamente incendiário? No que a teologia, filosofia e ciência se opunham à pseudomagia de que se fez portador?

Sabe-se: preso em Veneza e encaminhado às carícias do Santo Ofício, foi torturado por dias seguidos, porém, chegada a hora da pausa, um piedoso inquisidor lhe perguntou se desejava alguma coisa... Combalido por embate físico tão estafante, Bruno caiu na besteira de lhe responder que só queria *"esticar um pouco as pernas"*. Pronto! Satisfizeram-lhe os desejos! Colocaram-no numa daquelas engenhocas infernais e o filósofo, que só media um metro e sessenta, acabou virando um Michael Jordan com seis metros de comprimento. E aquela figura fantástica, após haver escrito algo genial como *A ceia das cinzas*, acabou torrado vivo numa fogueira. Só isso! *"C'est le verbe"*, dirão alguns. *"C'est la bétise"*, lhes dirá Toledo.

Nesse instante reflexivo e fumacil, acendo mais um cigarro. E enquanto a chama arde sobre a brasa inebriante do tabaco e a fumaça se adensa ao redor do crânio, não há como não pensar no pobre homem que se consumiu no latim para desmascarar a escolástica e afirmar que aristotelismos não eram senão charlatanices. Mas seria bem-feito que tivesse ardido dessa forma exuberantemente pirotécnica e anti-sectária? Mistério total! Não saberemos jamais, o que melhora a falência colossal da atitude humana para debochar da perda de referências deste maravilhoso mundo contemporâneo.

Afinal, apesar da república teocrática de Savonarola e da retórica barroca de Vieira, bobo do filósofo que não possuísse um alfaiate inteirado das protetoras virtudes do amianto. E tola ainda a Inquisição, ingênua e tão estupidamente desinformada de que o futuro nos reservaria a eloqüência política e com ela — é claro — idiotas muito mais loquazes.

Bom dia.

Gestas líricas da insensatez

"Samba no pé, sexo na cabeça e borboletas na barriga podem confundir o legista"

(lavra pessoal)

Como já disse e nunca é demais repetir, vivo em permanente estado de ereção intelectual. Assim, e sempre lembrando que o instinto gregário nasceu na Grécia, onde até estátuas apreciavam viver em grupos, há dias pude perceber mais demoradamente os cretinos fenômenos que codificam a conduta mental, moral e ética da crítica contemporânea, coisa que, aliás, a cultura helênica jamais fez com recatos o que, no futuro, se faria solitariamente em ignomínias.

E cada vez que isso ocorre, prostrado, caio de joelhos, arranco duas ou três páginas da *Encyclopédie*, de Diderot, mastigo-as, ruminando um bom pedaço da *intelligentsia* que se produziu no século XVIII, evoco o nome de antigos mestres e, com feições enrubescidas de felicidade e o peito explodindo em relevâncias, concluo que tudo não passa de pura e simples questão de favas contadas.

Então, lembro-me de Girolamo Fracastoro, o sábio, médico, poeta e amigo de Copérnico, célebre inventor da fita durex e das mais rígidas normas de anatomia comparada que, em seu tempo de luzes, já havia preconizado a importância da reutilização de excrescências como fator preponderante à manutenção do espírito! Coitado, foi morto quando tentava urinar sobre o cadáver da hipocrisia. Pudera! Assuntos sublimes em tempos trevosos só poderiam dar mesmo nisto: sangue, suor e lágrimas, não necessariamente nesta ordem.

Pois assim pensando, fico aqui, na semi-obscuridade do estúdio a examiná-las todas com sherlockiano interesse e procurando uma forma análoga para melhor me exprimir.

E ali, após exasperantes descrições de como os italianos conseguiram inclinar a torre de Pisa e tornar a massa dos panetones muito mais saborosa que borrachas de apagar marca Elephante, há o notável exemplo ético dos etruscos: "*In bocca chiusa no entró mai mosca*", que não é nada, senão o "em boca fechada não entra mosquitos", equivalente às intenções de Oswaldo Cruz em seu mister de erradicar febres amarelas e levar a população esverdeada de fome a se alimentar de ouvidos, hábito, aliás, otorrinolaringológico muito saudável e anteriormente recomendado pelo próprio Dr. Gachet a Van Gogh durante suas delirantes e obstinadas viagens existenciais por Auvers, onde tudo acabaria em fama, cartinhas a Theo e uma morte muito mais, digamos, girassoliana...

Enfim, voltando ao assunto, além do Nada, o que se pretende aqui não é só falar da boca, mas revalorizar a utilização do nariz, não só por seu largo emprego sexual, como também pela olvidada maleabilidade criativa que demonstra. Sim, além de Wilhelm Fliess e de mim próprio, quem poderia imaginar as cornucópicas virtudes criativas da nariganga insolente, hein?

Eu, por exemplo, outro dia, tirei dele uma gigantesca, oblonga e performática meleca com formato tão interessante que, imediatamente, mandei fundi-la em bronze, fazer-lhe uma base de mármore e, após convidar amigos para comemorar o majestoso parto estético-nasal, contei-lhes sobre as vantagens escatológicas de se capitalizar virtudes olfativas como verdadeiras manifestações de arte biomórfica sobre a qual já havia soprado a Rodin, aconselhando-o a examiná-las com maior acuidade.

Portanto, assim que soube dessas crocodilhescas e toledianas incursões oníricas com as próprias narinas, o prestigioso Museu de Artes Pejorativas de Lodz, na Polônia, escreveu-me dizendo querer adquiri-las para elucidar melhor a coletividade sobre como verdadeiramente respirar Arte, assim como fez Cyrano de Bergerac, que, numa só inalada, conseguiu aspirar duzentas e catorze obras de um grande acervo.

Prudente e checando *in loco* a questão, o próprio FHC foi a Merdeka, na Indonésia, para onde partiu há alguns anos com sua comitiva a realizar negócios de alta tecnologia. Estava certo o presidente na época. Além de grande pólo industrial e uma impressionante fábrica de velocípedes, a airosa Merdeka fazia jus ao próprio nome, sendo pioneira no aprofundado estudo das relevâncias nasais e sua fanhosa necessidade para o desenvolvimento de culturas mal-assombradas entre narizes bem-assoados.

Afinal, diante de tais prestidigitações, vê-se que higiene mental não só depende de lencinhos intelectualóides, mas sim de pituitárias intenções e um excelente dedo indicador que, com certeza, trará novos horizontes de obras admiradas pelo público exigente e bom motivo para justificar a avidez de *experts*, que, palpiteiros e não sabendo diferenciar Lasar Segall de Marc Chagall ou a respiração bucal da nasal, poderão engolir mosquitos e correr sérios riscos de ter muito mais neurônios nos intestinos cheios que no interior de seu pobre crânio vazio.

Bom dia.

O desobstrutor de eficácias

"A prudência adverte: barulho a três ainda é pior que baralho a quatro"

(lavra pessoal)

Não! Decididamente, não é possível!

A cada dez tentativas de domesticar as tempestuosas orgias comportamentais que ocorrem a meu lado, só consigo nove bons resultados, o que me torna as noites 10% frustrantes por não dominar totalmente a idiossincrasia coletiva naquilo que poderia ser unanimidade solitária.

Explico: apesar das torrentes de amor surreal que entrego em domicílio, indóceis, alguns leitores persistem em me abordar para dizer de sua insatisfação por esta ou aquela região mental a que os conduzi na semana anterior. Ora, tento justificar, dizendo-lhes que não é coisa que dependa de meus caprichos pirotécnico-terapêuticos. Não!

Trata-se de uma compulsão, energia telúrica, um processo visceral tão grande e indômito que escapa à minha vontade. É como fazer o meteorologista entender que, apesar de suas cretinas previsões de estiagem, está chovendo a cântaros! Impossível controlar a força dos impulsos criativos ou ensinar girafas a defecar no alvo. Muito menos sobre cântaros, como se depreende.

Depois outra: buscando o sentido lógico das coisas, alguns continuam tentando exigir que me atenha à Realidade. Como? Ligar-me às abstrações de alguma coisa que nada diz? IMPOSSÍVEL! Que me eduquem, então, pois recuso obstinadamente sorver maus uísques e tais bugigangas.

Ciente disso, beijo minhas próprias mãos com ímpeto e, assim que arroxeadas e sangrando por tantos ósculos acrobático-fecundantes, sapateio sobre elas e só então escrevo, oferecendo-lhes sangue pisado de mãos beijadas, cardápio emocional do dia, com o qual o arfante leitor deverá se empapuçar, lamber os beiços e, com a astúcia de homens santos e virgens prudentes, aceitar o inesperado jorro criativo como dádiva, e não com a frugal obstinação do olhar bovino vendo paisagens sem nada entender. Portanto, seguindo as pegadas de Terêncio, repito: "*Ego pretium ab stultitiam fero*", ou seja, "os vários lados da loucura se antagonizam com a centralização da mesmice".

Dito isto e esperando ter sido suficientemente claro, dirijo-me com exclusividade à leitora chamada Niobe que, doravante, passarei a tratar por "N", que é como Freud fazia com a intenção de manter patologias no anonimato e encantadoras personagens de Ernest Jones restritas ao Ceilão, onde, aliás, se bebe muito chá.

E aproveitando o clima operístico-analítico dessa conversa com "N", atiço um pouco mais a Realidade que tanto insistem que eu veja, convidando-a, por exemplo, a examinar o libreto de *A flauta mágica*, de Mozart e, diante da obra-prima, dizer-me se de fato entendeu aquelas aparentes tolices em que a peça se baseia: Papageno, Pamino e Papagena são verossímeis ou Amadeus era mesmo um gênio para apanhar tão ornitológicas bobagens e criar um dos maiores e catedralescos monumentos musicais do Orbe, hein?

E quanto à personagem Fanella, da ópera *A muda de Portici*? O que "N" me teria a dizer? Muito bem, uma muda participando de ópera já é um fenômeno a ser recebido com encômios, porém, ainda foi pouco para a Realidade do compositor, que urdiu um *gran finale* extraordinário: em resposta ao envenenamento do irmão, Fanella opta pelo suicídio. Excelente! Só que, entusiasmado com os aplausos que saboreou de antemão, o autor fê-la atirar-se do terraço de sua casa napolitana diretamente no interior da cratera do Vesúvio, num formidável salto que cobria a distância de nove milhas e num pulo de 4.000 pés de altura. Fantástico! Nem mesmo um Nijinski bêbado conseguiu tal proeza.

Assim, diante do pasmo e das pituitárias obsessões da leitora, sequazes cochicham e a Realidade conhecida vai definitivamente a pique, justificando, dessa forma, meu tão combatido evasionismo estético-canoro.

Então, pergunto se Auber deveria ouvi-la, controlar-se ou acreditar que utopias surdas e paralelas musicais encontram-se mesmo no infinito? Caso concorde, suplico-lhe que não mais se desarvore nem se descabele tanto só por minha melódica falta de critério lógico. Afinal, a própria Joana d'Arc, murmurando coerências, prestes a arder e indagada por que gostava tanto de solfejar antes de morrer, respondeu simplesmente que nascera em Dom-Ré My onde, como se sabe, sempre faz sol.

Bom dia.

Polonaise Hellmann's

"Só o homem que renuncia a tudo coloca-se na posição de compreender o Nada"

(lavra pessoal)

Sabe-se: conflito entre tese e antítese é necessário, produzindo a síntese, da qual nasce outra tese com sua correspondente antítese, e assim por diante.

Conseqüentemente, o conflito não tem fim, e só através dele se torna possível o enfado total e a justificada fama de certos idiotas. Portanto, embora haja sempre alguns tentando corromper o sentido das palavras, jamais se deve confundir o substantivo masculino "talento" com a arruinada e mal-ajambrada forma unissex "tá lento"... ainda porque aptidão e lentidão são frontalmente opostos pela lei dos vasos comunicantes.

Lépida e inteirada de que a vida é breve, a atitude talentosa voa como mísseis, enquanto que, aparvalhado e estúpido, o amadorismo rasteja como vermes, não obstante a ingenuidade de Swift afirmar que "devagar se vai ao longe", incluindo o seu Gulliver, é claro. Tudo bobagens! As distâncias mentais nos são determinadas por deuses peripatéticos com uma precisão euclidiana que beira as raias do desespero, levando-nos a lembrar, inclusive, que Giovanna Bontempo deveria casar-se com o Narciso Vernizzi. Impressionante!

Sabendo disso, e de olho na morosidade do garçom, recupero o fôlego perdido no verão de 1874, e só então me deixo banhar pela maciez dos ideais oníricos e lembrá-los — como sempre — de que a Realidade tem gosto de fel, porém, com talento e sabedoria poética, pode-se transformá-la em pastel. Basta não querer compreender o incognoscível. Só isso. Agindo com tal sabedoria, por exemplo, Carlos de Campos prestou relevantes serviços à nossa agricultura, combatendo a broca-do-café usando brocas de vídea. Pura questão de racionalizar o irracionalizável, fazer buracos na água e atirar a lógica ao cesto junto às demais quinquilharias de praxe.

Lê-se de que na Rússia uma mulher acaba de morrer com 150 anos, deixando um órfão czarista de 130. Maravilha! Na mesma Moscou que permutou ícones bizantinos pela poesia de Maiakovski; onde se descobriu um Lenin substituído por Stalin; se alterou a música das balalaicas agregando Stravinski; avistou Mikhail Gorbatchov sóbrio trocado por um Bóris Ieltsin bêbado; se adotou *strip-tease* no lugar de estrogonofe e se preferiu coca-cola em vez de vodka, meu Deus, agora pensa canonizar Nicolau II, o czar cretino, que enfiava sorvetes na testa imaginando bater continência a cossacos cheios de arrogância... Não, não. Não pode ser! Algo está terrivelmente errado ali! Isso demonstra que a estupidez é universal e que o sentido da vida permanece igualmente absurdo tanto aqui quanto do outro lado do planeta.

Assolada pela estultice das globalizações, a inquietude eslava mexeu com a Fantasia e em seu lugar imbricou patéticos restolhos da Realidade, acabando por estremecer os pudores econômicos do orbe e dando na histeria que vemos.

Por isso, enquanto a hora do *rush* permanecer melhor que a hora do Bush e prestidigitações messiânico-defensivas prometem adornar o caos com eletrizantes carnagens imperialistas, Toledo retorna à pequenez das insanidades individuais, relembrando aquela tarde em Cracóvia, quando deambulava pelas ruas à procura do *PIOR CAVALETE* para a *MELHOR PINTURA* e toneladas de aspargos. Sim, muitos aspargos, como os mais saborosos e hortifrutigranjeiros pincéis da temporada. Na época planejava pintar o cracoviano-ectoplasmático retrato de Chopin e, ao som de visionários autores como Adam Mickiewicz, Juliusz Slowacki ou Zygmunt Krasinski, expô-lo em Varsóvia, onde a rudeza sindicalista de Lech Walesa tripudiava sobre a aura dramática de Grotowski e me inteirava de que tudo, afinal, eram favas contadas.

Mas diante das acrobacias exibidas na corte, fui expulso do país sob ameaças de ser atirado ao Báltico. Portanto, avisando amigos que ia pintar no pedaço, retornei ventando e resolvi executar aqui mesmo a tal obra. Para isso, trouxe comigo o cavalete polaco e aqueles aspargos dignos de Kazemiro II, com os quais pintaria o impressionante e culinário retrato de Fréderic Chopin, o tísico virtuose das mãos de seda e lábios de mel.

Todavia, assim como a historiografia contemporânea provou que Bruce Lee não morreu de brucelose e o idealismo patriótico levou o compositor polonês a criar *polonaises* deglutindo George Sand com maioneses e ainda vivendo crises de tuberculose galopante com salmonela musical, desisti. Não havia condições melódicas para o ludismo surreal respirar seus delírios diante da renomada mediocridade atlético-gustativa daquelas insulsas platéias de bar.

Afinal, se o negócio de Chopin foi pôr seus dedos à disposição da oxidez do dinheiro e aplausos burgueses, por que eu, que não pinto desde a Invasão da Polônia, iria me sujeitar a sudoríparas deprimências, trocando a frieza de raciocínios noturnos pela mornidão das chatices ensolaradas, hein?

Bom dia.

Abecedários do inútil

"O melhor de tudo é saber que o oco pode ser identificado tanto através do côncavo quanto pelo convexo"

(lavra pessoal)

Sob total paranóia, enredando preços do dólar e lancinantes ninharias envolvendo a realidade insidiosa, não pude iniciar o dia deixando de recordar a baixa liquidez da Razão, que já valeu Mil-Réis, Cruzeiro, Cruzeiro Novo, Cruzado, Cruzado Novo e, finalmente, REAL. Como viver com isso? Por exemplo: na época do Cruzado, na rua, inadvertido, um mendigo abordou Éder Jofre, pediu-lhe um Cruzado e o famoso desportista quase lhe arrancou a cabeça. Bem que avisei, porém, ninguém deu ouvidos. A confusão a que fomos submetidos só poderia gerar violências e tantas crises de acefalia econômica. Estava escrito!

Portanto, a coisa de "iniciar o dia" merece reflexões especiais. Para mim, tal momento principia exatamente quando começa a agonizar, isto é, tornando-se trevoso. Aí, sim, aves noturnas anunciam jornadas de plenilúnio e só então, na companhia de corujas insones, maltes abracadábricos e toda uma fauna interior ululando em busca do Nada, a mente criativa faísca de novo sob a confortável certeza em saber que o povo dorme tranqüilo, seguro de que o pequeno Toledo velará por seu sono e que o amanhã, afinal, haverá de brilhar outra vez.

Assim, como não exigir que durante o dia eu repouse enquanto a comunidade trabalhe e transpire por mim? Então — como diria a Vênus de Milo —, "uma mão lava a outra". Eu, zelando para que o Sol nasça corretamente todos os dias; os escravos da luz, mourejando para que minhas noites se suavizem pelo inebriante ofício de delirar... Simples!

Dito isto, resta lembrar a teimosia de alguns para que eu dispa o inconsútil manto da Fantasia e me avilte em trajes civis, exibindo-me em horários impróprios, pensando e realizando as mesmas trivialidades de praxe na tediosa obrigação de existir. Ora, digo-lhes, impossível! Não sou como os outros.

Desse modo, recordo que até certo ponto da vida, movido por persistentes diarréias emocionais de achar que poderia passar uma imagem vulgar e exibir um comportamento dito "normal", buscando sempre o sentido lógico de tudo, saí aleatoriamente à procura de respostas e estive em Kimberley, África do Sul, e depois na Cidade do Cabo onde, com espanto e indignação, descobri que lá mesmo, na Cidade do Cabo, não havia TV a cabo. Um escândalo!

Há anos, por insistência de amigos, fui ao *shopping* e, sob perplexidade geral, a primeira coisa que fiz foi entrar numa loja de eletrodomésticos, fitar o vendedor nos olhos e lhe perguntar se tinha estereótipos. Após breve melindre e sonambulescas expressões de imbecilidade, o rapaz estalou os dedos, foi consultar o gerente e voltou dizendo que estavam em falta no estoque. Fantástico! Conseqüentemente, isso me traz o dia em que, benemérito ao máximo, doei uma área às margens do Rio das Velhas para criarem uma clínica geriátrica ali, mas acabaram construindo uma imponente refinaria de Botox no local. Que fazer?

Portanto, e revelando de forma catártica minha busca pela Realidade, optei pelo cotidiano-noctâmbulo-seguro, onde transito como um Nijinski ensandecido. Nele, a simbiose entre mim e a noite só é igualada por Tarso e Calcâneo, filhos de Metatarso II, o grande rei bizantino que, por razões desconhecidas, deu no pé.

Sabendo disso, conformei-me com o fato de só existir na madrugada e achar que essa coisa de tomar sol era mero restolho dos cardápios inquisitoriais de Torquemada, quando então sádicos e masoquistas vestiam medonhos calções e, em êxtases sudoríparos e óleos viscosos, partiam para suas atividades de padecer ou torturar.

Comigo, não! Sabendo que na Roma Antiga — e apesar do nome — o imperador Pertinax reinou só por 87 dias, assento-me no trono noturno e, ainda que aparentemente navegue sem rumo, jamais abro mão da Filosofia, do Uísque ou da Arte, meus Ísis, Hórus e Osíris habituais, avançando noite adentro em pesquisas tão complexas que seria inútil explicá-las.

Há pouco, por exemplo, detive-me na impressionante investigação da mediunidade. Sabendo que o jardineiro possuía tais poderes, acorrentei-o à poltrona e ordenei que evocasse alguma coisa. Inteiramente tomado, evocou logo um aumento! Dei-lhe então umas zurzidelas com a bengala e, procurando ser compassivo e não exigir demais do pobre homem, comecei por coisa fácil: fazê-lo baixar o espectro da lingüiça que saboreava. Ele espumou um pouco, é verdade. Porém, em minutos, um ectoplasmático suíno apareceu e, sob vasto interrogatório, contou tudo, dizendo-me que, além de monótono, o Além era uma pocilga.

Então, comovido pela confirmação do que já pressentira há décadas, agradeci outra vez aos céus por permitir-me compreender os mistérios da ultravida, os fogos-fátuos das salsicharias do etéreo, a coerência chique dos chiqueiros imateriais e — sobretudo — deixar-me passar a noite a conversar com um perfeito espírito de porco.

Bom dia.

Suaves delícias do vapt-vupt

"É estupidez pensar-se que a crise nos transportes seja um fenômeno passageiro"

(lavra pessoal)

Que Beethoven foi surdo e Herman Kahn um idiota, todo mundo sabe. Contudo, o que parece não se haver notado é a essência temática existente entre suas personalidades antípodas: honesto, um não ouvia por circunstâncias patogênicas; o outro, tornou-se imbecil por mera opção. Só isso me basta para rever o antigo axioma *"Pennis erectum non habit conscientia"* para concebê-los como verdades convencionais da civilização avançada e, sabiamente, concluir por que, nisso tudo, até anêmonas são tão anêmicas.

Preservando-se de lado a irretocável figura de Beethoven, atenhamo-nos à biografia de Khan: pobre alma, emergido em grandiloqüências e atormentado por hemorróidas, acabou até mandando que lhe fizessem um delicado ânus de tungstênio... Impressionante saber a quantas chegaram seus delírios megalômano-retais e a que tipo de personalidade um mundo, absoluta e obstinadamente cretinizado se submeteu para sobreviver.

Muito bem, examinada a profundidade desse mergulho pseudo-escatológico, resta analisar o fator histórico que me prende a devaneios tão suculentos. Enquanto Beethoven se esforçou por sentir os acordes da *Nona*, o ardiloso Herman acordava a *nonna* para se esforçar por ele, nanocéfalo que sentia frêmitos de antever o Destino, não obstante para isso explorasse até mesmo a boa-vontade da sonolenta avozinha.

A propósito, bom recordar que Petrarca, já em seu tempo, falava com pessimismo e descrença sobre o caráter dos homens e do futuro. Sim, do futuro. No momento em que redigia suas reflexões, o mundo se consumia na Peste que ceifava jovens, velhos, as mulheres mais formosas e os poetas mais brilhantes. Poucos escapavam à sua fúria devastadora. Assim, o humanista italiano ilustrava um período negro da Renascença, cogitando sempre em função, ora da Realidade insidiosa, ora de intuições pessoais sobre a índole de apodrecidos prestes a defuntar, conforme Dante antevira em sua *Divina comédia* e eu, com humildade, em minha *Divina com mídia*.

Quanto a Kahn, não se pode dizer o mesmo. Numa de suas obras (*A prosperidade está próxima*), bossa pitonisa e com ambiciosa precisão intestinal, previu a cornucópica globalização futura, em que o renascimento econômico, político e social vicejariam felizes como hienas gargalhantes e um mundo paradisíaco como as ilhas Fiji do século XVI... E todos acreditaram.

Dessa forma, através do charme panglossiano, conseguiu impor asnices futurológicas às sociedades letargicamente vigilantes. Mas sua visão pseudo-otimista parece haver mudado de forma radical ao ver-se privado das benesses do Hudson Institute, onde ganhara fortunas para controlar o caos que fingia prever: invasões soviéticas, chineses ensandecidos, guerras bacteriológicas, mísseis intercontinentais descontrolados, panetones antropófagos, formigas estupradoras... Um terror! Contudo, sempre passando a generosa imagem de que ele e seu grupo resolveriam tudo com o brilhantismo digno dos escoteiros de Baden Powell, o erudito general inglês para quem André Rebouças não era senão *franchising* do Louis Vuitton. Enfim, primor de onisciência a serviço de uma Humanidade perdida.

E então o vimos aqui, como um dócil e oracular cachalote saindo das águas de Copacabana a sorrir para a imprensa sequiosa, como se só ele possuísse a caleidoscópica visão do porvir. Alimentados pela incontrolável paranóia iniciada por Robespierre, manipulada por J. Edgar Hoover e arrematada depois por Ronald Reagan, as populações cativas o admiravam como a um deus e os tecnocratas o veneravam pela farta logorréia exibida através de teoremas que nem mesmo Malba Tahan saberia entender.

Exatamente ao contrário do pequeno Ludwig, que ficara ali, na dócil Viena de Richard Gerstl, modesto, com sua fronte casmurra e meningítica a criar catedrais de sonoridade. Por conta dos incríveis charutos fabricados em Havana, Kahn simulava ver no fidelismo uma ameaça crescente, enquanto num passado napoleônico Beethoven se esforçou por criar a ópera *Fidélio* e um sobrinho fedelho, o que por si só lhe justificou o humor azedado às vésperas de um prosaico chilique de hipocondria. Só isso, antíctones por natureza, higiene e convicção, a velha tríade de sonhos aspirados, parafusos espanados e loucos varridos.

Entretanto, o futuro de ambos chegou e nós, que sobrevivemos para testemunhá-lo, ficamos perplexos ao saber de três coisas notáveis: primeiro, que a estupidez permanece una e indivisível; que Herman Kahn pronunciou tolices para enricar sobre os néscios, acabando olvidado pela Esperteza Contemporânea e — finalmente — que Beethoven, com os tímpanos totalmente obstruídos, não ficou surdo a tempo só para evitar tais besteiras mas, sobretudo, para não ouvir sua bela música estridulada por malditos caminhões de gás.

Bom dia.

Breviários de são Longuinho

"Sob as circunstâncias atuais, dar-se por achado pode pôr tudo a perder"

(lavra pessoal)

Como se sabe, Amélia Earhart era o protótipo da mulher avoada. Ainda assim, teve lucidez suficiente para fazer três coisas sérias na vida: desembaraçar palavras cruzadas; cruzar o Atlântico algumas vezes e, por último, cruzar linhas telefônicas entre o Camping Club de Auschwitz e o rabinato de Amsterdã. Aí sim, tirou as mãos do manche, cruzou finalmente os dedos e se desmanchou nas águas.

Impressionante! Cada vez que a evoco fico de olhos marejados e pensando: nada como a recordação de seus feitos edificantes. Sobretudo, conhecendo-lhe os conflitos intestinais e sabendo que, ao invés de organizar temíveis comboios aéreos de combate às tênias, a grande pilota resolveu seus problemas de solitária optando por simples misantropias voláteis. Fantástico!

Conquanto pareça absurdo, conto isso tudo só para dizer que adquiri sua engenhoca voadora desaparecida há décadas. Sim, dia desses, durante um cruzeiro, a família Shürmann capotou naqueles escombros e, precisando fazer uns trocados, vendeu-os a mim. A quem mais procurar senão o pequeno Toledo, que desestabiliza câmbios, mastiga déficits, digere superávits, substitui Vigilantes do Peso por Perdulários do Dólar, troca portos seguros por molhes incertos, protege o livre comércio e, mesmo arriscando a vida contraindo tétano espetando-se numa ponta de estoque, ainda abre mão do dinheiro para fechar bons negócios, hein?

Em todo caso, isso me faz recordar do barão Langsdorff, o russo esquizóide que ambicionou negociar com indígenas progressistas e, sabendo de minha exaustiva compreensão pela vital necessidade da Área de Livre Comércio das Américas e total adesão ao Cone Sul — para o qual, aliás, criei o emocionante hino *Dá-me um Cornetto* —, convidou-me a ir junto.

Expliquei-lhe sobre Hans Staden, é claro. Não obstante, dispensou Rugendas, preferindo a mim. Que fazer? Insondáveis vínculos diplomáticos com São Petersburgo me impediam de lhe dizer um solene *NÃO*, portanto, tive de ir. Como conciliar coisas assim se na vida de homens como eu acontecem eventos notáveis? Sabendo disso, inteirei-me do roteiro e, por razões que desconheço, alegrei-me ao ouvir que iríamos em busca de Cunhambebe, o poderoso chefão tamoio que inaugurou as turfeiras de Aberdeen com seu charme etílico e canções profanas. Aí, acalmei, mas sem me deixar levar pelo ocaso de Henriqueta Sontag, a dócil soprano alemã que não distinguia Traviatas de negociatas e acabou morrendo de cólera no México.

Assim, sabendo que Cunhambebe, levei-lhe poderoso tonel de uísque e, cartesianamente imaginando que tivesse irmã chamada Cunhamfuma, coloquei na bagagem uma canastra lotada com charutos, cigarros, cachimbos e... fumo de corda, já que não havia eletricidade por lá.

Afinal, essa história de que índio quer apito me parece puerilidades do Ary Barroso. Vide-se, por exempo, o típico caso norte-americano: o que mais poderia querer Touro Sentado senão um belo sofá, hein? Portanto, a coisa certa é fazer bons negócios. Lucro, não importa. O que interessa mesmo são as mentes e corações... relações comerciais, dinamismo nas transações e o desdobramento desses festivos encontros. Nelson Rockefeller que o diga. Substituindo azeite de oliva por petróleo do Texas, vendia os produtos da Standard Oil até para Hailé Selassié colocar na salada.

Enfim, foi tudo perfeito. Apesar de ensandecido, pensar estar nas Ilhas Molucas e insistir negociar retratinhos de Catarina, a Grande, com aborígines de raciocínio curto, a campanha foi sucesso total. Assinaram-se tratados comerciais, Langsdorff acabou internado, os índios não tiveram ressacas e eu, que jurara nunca mais viajar, adorei o passeio. Verdade que a liteira onde estive era um primor: além das 24 válvulas e decorada por Maria Martins, tinha ainda bar dionisíaco e livros dignos de Alexandria, atenuando assim aquela masturbatória sensação de contemplar paisagens.

Ademais, sentindo o sangue fenício a me ferver nas veias, o melhor de tudo mesmo foi o encontro negocioso com nego tão cioso que, depois, repleto de gratidão, ainda me presenteou com magnífico exemplar em tamoio de *As metamorfoses*, de Ovídio. Assombroso! Afinal, um nativo não estúpido e apreciador da poesia latina que não chamava o grande Catulo do tesão lesbiano de Catulo da Paixão Cearense. Maravilha!

Logo, isso só veio confirmar a fé que tenho em são Longuinho de que, embora a esperança pareça irremediavelmente perdida, o comércio aproxima os homens como me aproximou dos índios. Porém, é claro, imaginando-se de tudo um pouco, mesmo confundindo camumbembes com Cunhambebes, discursos elitizantes a virtudes etilizáveis e, sobretudo, rezando sempre para que o futuro da Alca seja tão interessante quanto um bom presente com álcool.

Bom dia.

Retóricas curvilhosas

"Interessante pensar que até a idéia de fazer ginástica um dia possa tomar corpo"

(lavra pessoal)

Como se sabe, ladrões não acrescentam nada. Ainda assim, sempre que a realidade se torna massiva, inflo duas pequeninas glândulas que possuo sob as axilas e, com o brevê nas mãos e já levitando como um albatroz, furto-me praticando aquelas expressões bizantinas da rainha Vitória, mas que ainda insinuam suaves delitos de liberdade. Simples, quando a situação atinge índices tão alarmantes de totêmica estupidez, faço isso como mero esporte.

É claro, no começo, causava alguma comoção e certa estranheza. Hoje, porém, acostumados, os vizinhos todos se reúnem e, mascando pinhões, pegam cadeiras, sentam-se nas calçadas e, como se fossem assistir a um velho filme do Tom Mix, ficam ali, felizes, vendo-me fazer cabriolas no céu.

Mas, atenção: assim como na bula dos laxativos, advirto, isso é só para profissionais. Por exemplo, o filho de Coelho Neto, quando se tornou avô, perdeu sua identidade pessoal e simplesmente enlouqueceu. E isso por quê? Porque, afoito demais e não obstante eu tenha avisado o orelhudo Coelho-caolho sobre os perigos da cunicultura, não me deu ouvidos e se desleixou do fato de desaparecer numa só cajadada. Um horror! Percebem então as sutilezas que existem sob as alfombras da oralidade insidiosa? Pois é. Pode parecer simplismo dizer coisas tão aparentemente óbvias em momentos de tanta solenidade.

Contudo, houve época em que Harpócrates — o austero deus do silêncio — ordenou que as criaturas fossem comedidas ao expressarem-se sonoramente, mostrando sabedoria e harmonia no relacionamento interpessoal para com os que se pretendiam na honestidade da mímica. Claro! Foi só juntar-se a coletividade, ensaiar muito bem, contar: Um; Dois; Três... fecharem-se as bocas ao mesmo tempo e pronto! Fez-se sossego no mundo e cada qual pôde sentir o próprio equilíbrio emitindo sinais de paz.

Hoje, passadas décadas, tento tirar os fones e o que escuto? Além dos violadores de sepultura que, sabe-se, tocam violas sobre os túmulos do Verossímil, só há tolices habituais do nada-que-preste e o ruído ensurdecedor de onomatopéicos discursando para uma multidão de estafermos que fica ali, hirta, na quietude pasmacenta de quem nada pensa e cujos argumentos não encheriam de ar nem mesmo o amadorismo orfeônico dos cantos de Beaumarchais.

Tal estrépito parece não passar de mera e desagradável imitação do que se pretendia dizer de verdade e, vista a anuência exibida no aplauso do rebanho cordato, parece que irá perdurar para sempre.

Se não, vejamos: o que significa, afinal, esse palanfrório confuso sobre transições, instabilidades econômicas, financeiras e sociais, salvo acordar sonolentas populações de sua letargia normal para levá-las a Lugar Algum, hein? Nesse caso específico, minhas vitriólicas obsessões temem também a fúria blasfematória praticada com tanta euforia.

Não que haja resquícios de paranóia. Não! Isso é público e notório, e escrever sobre o tema, ainda que oblitere lindas obras de arte que poderiam estar sendo feitas, continua a excitar-me as papilas nervosas.

Ao ponderarmos sobre o que resta da Cultura então, a coisa se agrava. Ouvimos de tudo, exceto o necessário, o que me leva a recordar Pompônio Torelli, autor do *Trattato del debito del gentiluomo*, que, não obstante a astúcia renascentista, casou-se com uma viúva nhambiquara, mudou-se para Madrasta, na Índia, e acabou padrasto de um índio. Pobre ingênuo... Ele, que nunca fora bonito, saiu das oficinas da Inquisição um homem bem apanhado e, embora nunca tenha lido Franz Boas, deixou-se abater pelas protérvias más. Contudo, iludido por suas próprias dissertações antropológicas, jamais descobriu se o bojo do sutiã, afinal, era côncavo ou convexo. Tudo ponto de vista acadêmico, é lógico.

E assim, hoje, vendo as besteiras que se cometem em nome daquela loquacidade astuciosa, resolvo optar pelo lema: "o imperdoável mesmo é o grunhir", já que a ação pode tornar o inofensivo verbo um instrumento letal, sobretudo aos ouvidos do pequeno Toledo, que apanha almofadas pela casa para tapar orelhas e, com essa atitude filosófica suprema, aguarda que os ruídos cessem e a realidade se torne menos conivente com a sensatez que se alastra. Porém, a cada vã tentativa, aquilo parece aumentar, aumentar... E, então, ocorre-me pulverizar Marconi para que tais ondas sejam mais curtas e menos alumbradas.

Portanto, para apascentar o espírito e se criar um clima de absoluto suspense, fico de cócoras, faço umas caretas *kabuki* e, de fora, respondo ao amado leitor que simplesmente salto janelas da consciência para penetrar a questão da altissonância ignóbil. Ainda assim, nunca deixo de pensar no otimismo do Dr. Pangloss, na lendária inquietude de Otto Bismarck e nas dramáticas idiossincrasias de Beethoven que, aliás — e para sua sorte —, era surdo como uma porta.

Bom dia.

A orgia do voltastelas

"Pode parecer campanha antifábula, porém, ainda prefiro cigarros a formigas"

(lavra pessoal)

Totalmente polimorfo mas sempre exibindo o avesso dos tapetes, hoje, soterrado pelas mazelas trabalhistas do ofício, tiro o momento para dar um tiro na noite e, completamente nostálgico, deixar-me fluir por modelos profissionais que me levem a resvalar o Nada, estar mais próximo aos deuses e, é claro, mordiscar a perfeição, ainda que a sabendo intangível.

Com isso, vêm-me lições altamente dignificantes: o escritor John dos Passos, por exemplo, iniciou-se na vida trabalhando para o Dr. Scholl. Por outro lado e ainda nos primórdios de um Brasil sem PTs, bandeirantes como Diogo Cão e Borba Gato tentaram parcerias mas acabaram recolhidos pelas Zoonoses. Já o dentistazinho em início de carreira, megalômano como poucos, montou seu consultório dentário no Boqueirão. Impressionante! Logo, é de se crer que o trabalho enobreça e, com isso, retornar às lides operacionais, sofrendo menos e gozando mais. Afinal, adoro o trabalho. Ele me fascina. Sou capaz de ficar sentado horas a fio vendo os outros trabalharem. Incrível!

Eu sei, é também interessante notar, mas as retumbantes energias da vida manifestam-se paradoxalmente, seja pelo pior inesperado, seja pelo inconcebível melhor. E mais curioso: a freqüência disso aumenta com o tempo, sobretudo com as inesperadas alegrias do Fazer. Portanto, para prová-lo ao ofegante leitor, declaro meu definitivo regresso ao cinema. Maravilha!

Sei que já devo ter dito algo a respeito, porém, e para ter mais certeza de sua imortalidade, lembrarei disso outra vez. Sim, justamente agora em que aquela arte comemora obras-primas como Harry Potter e a mediocridade universal tripudia, exumando até o DNA dos Lumières, pronto, Toledo é outra vez convocado a desembainhar sua Excalibur, prostrar-se atrás das câmeras, arrancar das mãos do coronel Pettená aquele maldito megafone e finalmente gritar: AÇÃO!

É verdade, desta vez, trata-se de filme publicitário. Ainda assim, é fantástico!

Talvez, motivada pela constante limpidez de minhas intenções, a tradicional indústria de sabonetes Phebo me procurou e me contratou a peso de ouro para dirigir seu comercial. Oh! que emoção não senti após anos de desterro voluntário neste eremitério sertanejo? Rever minha intrépida equipe de técnicos azulados, caminhar com heroísmo por estúdios penumbrosos, harpejar sexualmente a algidez dos equipamentos, ouvir outra vez seu espasmódico ruído intestinal e reequilibrar-me nas teias de minha fecunda e elástica imaginação, cada vez mais purulenta, contagiosa, epidêmica... Maravilha três vezes!

A magia dos *écrans* e o fascínio surreal juntos de novo, a provocar desmaios nas platéias televisivas que, pateando com ansiedade, hão de pedir mais e mais, enquanto lixo as unhas, prometendo-lhes pensar no assunto...

Porém, antes desses breves devaneios preliminares, devo pensar é na composição do *set*, que, desta vez, para variar, será um banheiro. Mas não um balneário doméstico qualquer. Não! Meu cenário de banheiro será antológico! E, embora não vá ser mostrado por inteiro, terá sobre os azulejos autênticos *gobelins* e, ao canto, um gigantesco bidê de ônix, repleto de morangos silvestres.

OK: resolvido o caso do cenário, resta a assombrosa mulher nua que, exibindo sua plástica digna da Vênus de Willendorf, deverá ficar ali, no boxe e sob um chuveiro aberto ao máximo. Está decidido! É lá que será rodada a cena de banho mais extraordinária da história do cinema publicitário! Resta agora o roteiro e um *script* adequados à dignidade do universo tolediano.

Certo: em *travelling*, a câmera deve vir bem de mansinho, passar pela porta, mostrar ao fundo ainda desfocado o boxe com a mulher se desembaraçando da toalha e abrindo a torneira. Por motivos confidenciais, ela deve se mostrar exageradamente ágil, apressada, lépida, ligeira... Muita água, *close* nas pernas e... CACETA! O que deve ser dito agora? Diabos! É preciso achar uma boa expressão para anunciar e — sobretudo — vender tal sabonete. Sim, mas qual? O tempo urge! Todos se inquietam ao redor! Entretanto, a frase derradeira não me vem. Meu Deus, que fazer? O que, afinal, será falado na última cena? E agora? Preciso terminar logo com isso. Mas como? Droga, a exemplo dos momentos que antecedem minhas grandes criações, acho que vou fingir botar um ovo:

— Uuuuggghhhh... uuuuggghhhh!!! (SCHLOK!) Pronto!

Veio! Céus! E veio completo o final todo! Agora, descoberto, parece-me ótimo!

Assim, para êxtase geral e, finalizando, concomitante à câmera mostrar os gestos da moça apressada esfregando seu sabonete nas pernas, uma voz em *off* dirá com suavidade e num tom cinematograficamente lascivo:

— *Para um banho rápido e perfumado, Phebo nas canelas!*

Bom dia.

Sobre o mérito dos martírios noturnos

"Ser sóbrio não é nenhuma virtude. Sobretudo quando se tem pequenos vícios e grandes idéias"

(lavra pessoal)

Do alto de sua lilliputiana grandiosidade, Jonathan Swift estava certo ao afirmar que corajoso mesmo foi o primeiro homem a chupar uma ostra. O que se seguiu depois foram só bravatas. Contudo, ainda existem laivos de intrepidez pulsando ao redor. Há pouco, vimos um deles, ao se anunciar em estrepitosas manchetes que o gelo dos pólos irá durar somente mais cinco mil anos.

Meu Deus, mas isso é dramático, pensei! Claro, pode não parecer aos reles efêmeros que simplesmente espiam o existir de forma imediatista e precária antes de retornar ao Nada de que provieram. Porém, para alguns imortais que conheço, a coisa exibe proporções devastadoras. Sim, não que a água ali existente importe para alguma coisa. Afinal, quem precisa dela neste mundo senão cretinos lava-rápido e mulheres extravagantemente estúpidas que passam o dia grudadas em suas mangueironas atirando-a pelas calçadas, hein?

De minha parte, limito-a ao gelo. Explico: como único sobrevivente da trágica expedição polar de Sir Robert Scott, aprendi a lição de que sua exclusiva utilidade — além de banhos paradisíacos — é, na verdade, transformar-se naqueles miraculosos cubos que nos alegram e resfriam o uísque, tanto no inverno quanto no verão. O que, aliás, foi exatamente o que me salvou.

Explico outra vez: Scott era inglês, portanto, não Scotch, o que em si já demonstra com clarividência a funesta ressaca que poderia nos abater. Como complicador, ao invés de cães *husky*, aquele idiota resolveu levar pôneis das ilhas Shetland... Coisa de inglês, é lógico. E isso foi o bastante para que houvesse atrito entre nós. Pobre homem. Passou a vida jogando merda na parede e bosta no telhado para terminar ali, enrijecido e trêmulo como um vibrador desgovernado a lembrar das glórias da rainha Vitória sobre os mamelucos de Deir-el-bahari.

Assim, enquanto Amundsen saltitava feliz pelos fiordes da Noruega, nós, lá, sob temperaturas imponderáveis, corríamos o decisivo risco de morrer de frio que, como se sabe, é uma estupidez. Então, quando já estavam todos meio gangrenados e vitrificados, o intocável e delicado cérebro de Toledo teve um de seus lampejos. Sim, fui aos destroços da barraca, peguei a milagrosa bisnaga de *malt*, servi-o no copo, apanhei das mãos de um urso alguns cubos de gelo e pronto! Sentei-me ali defronte ao velho Robert, que estava mudo como um frade de pedra, e comecei a contar-lhe sobre o menino que fugiu de casa para caçar dinossauros na Escócia. E foi assim, tomando um uísque, papeando, tentando estabelecer um clima agradável e — sobretudo — quebrando o gelo, é que me salvei. Não é fantástico? Pois é...

Visto que obstinados todos haviam decidido morrer a seguir meu exemplo, a coisa agora seria partir de lá. Afinal, prometi à editora a crônica de hoje e, como se sabe, nessas questões, minha consciência tem uma pontualidade quase que intestinal. Mas partir como, se não tinha o dinheiro da passagem? Simples! Outra vez, minha fecunda e elástica imaginação funcionou e resolveu o caso. Dei alguns passos ao redor do lúgubre acampamento, franzi o cenho para acrescentar um caráter mais trágico à cena e, aleatoriamente, acabei parando ao lado do cadáver de um pônei que ali jazia.

Por que isso, perguntei-me aflito? O que teria aquele pobre animal que pudesse sinalizar e me garantir a passagem de volta ao aconchego do lar? TUDO! (clamaram os céus). Sim, as coisas mais miraculosas não me acontecem gratuitamente. Portanto, a resposta estava nele. A seguir, como que guiado por instintos abracadábricos e de forma vertiginosa, foi só pegar o pônei, trocar o *pê* pelo *eme*, dar um formidável pontapé no circunflexo, acrescentar um *ípsilon* no final e pronto! Havia substituído o inútil pônei congelado e morto pelo *money* útil e vivo de que precisava agora. Não é uma maravilha?

Na seqüência, sem pônei nos pés mas com *money* nas mãos, tudo se simplificou. Foi só subornar pingüins, prometer-lhes emprego de garçom no Copacabana Palace e o resto se arranjou para que eu estivesse aqui esta noite, martirizando-me para fazer meus amados felizes de novo. Puro altruísmo!

Eu sei... Isso tudo pode parecer um tanto complexo para se entender e exigir algum esforço intelectual para se assimilar, porém, que fazer se essas epifanias miraculosas me acontecem com tanta freqüência fazendo-me dividi-la com o gentil leitor? Sonegar-lhe delicados *flashes* de insanidade em meio a tanta lógica que se distribui no Orbe? Claro que não!

Afinal, leitores cativos, mulheres inteligentes, charutos cubanos e uísques mitológicos possuem total prioridade no universo toledano, o que me faz lembrar da foca que comprei para aplaudir-me no epílogo, todavia, como diria Kipling, essa é uma nova história que fica para outra vez.

Bom dia.

A hora e a vez de Augusto matracar

"Viver e morrer sem nada compreender é privilégio das multidões"

(lavra pessoal)

Como se sabe, trabalho muito. Apesar do aparente *nonsense* e copiosos aforismos droláticos a que me submeto como um escravo, vi há pouco o inocente palavrório que se manteve entre Gerald Thomas e Augusto Boal. E, indagado a respeito por um repórter, respondi somente o que achava das idéias de Thomas, porém, lamentando que os intestinos lhe tivessem subido à cabeça.

Claro, a *intelligentsia* xiita chiou. Contudo, como meu tempo é precioso e tenho coisas muito mais importantes com que me ocupar, abri as gaiolas da História e deixei que raciocínios voassem livremente. E, embora espantoso, com isso, a primeira figura avistada foi a de Augusto, não o Boal, mas o imperador adotado por César que, com seu fervoroso amor pela arquitetura *pompier*, disse ter *"encontrado Roma enladrilhada e tê-la deixado coberta de mármore"*. Maravilha!

Portanto, saudando meu editor, que também é César — mas sem pretensões de marmorizar o texto com petrificantes conceitos —, vem-me logo à cabeça a extraordinária e pseudomalabarística notícia de que o projeto de reconstrução do World Trade Center será com risco de Antonio Gaudi, o arquiteto visionário que morreu de bom dia, isto é, pensando que o bonde ia, enganou-se, pois o bonde vinha, acabando atropelado. Que fazer, senão deixar que o automatismo psíquico me leve para a aridez do Nada espanhol e simplesmente fique ali, esperando que o Augusto nova-iorquino se inspire num Juan de Herrera e o bom gosto renasça outra vez, hein?

Dito isso, agora que o luar resvala meu Escorial sertanejo, respiro aliviado, termino o *scotch* e volto ao teclado, da mesma forma como Hidalgo compunha zarzuelas. É, pois, chegada a hora de tourear idéias. Assim, conforme notaram, deverei manter a inteligência aguda, o saco cheio mas o copo absolutamente vazio. E então, após regalá-los com a quintessência filosófica do bem-viver e ater-me às agonias da noite, deixar que o sangue fenício me flua nas veias e lembrar da Espanha, tão bela e fatal com seus arquétipos telegráficos.

Tempo de recordar Velázquez, Goya, Picasso, Dalí, Miró, dos pungentes delírios do Cid à eloqüente grandeza existencial de Cervantes, dos textos de Quevedo e Lorca à música do padre Victoria, mais os *écrans* cinematográficos de Buñuel. Sim, é noite de pensar na beleza de Lope de Vega e Góngora, no Greco alongado, reis aloucados e anarquistas madrileños, galegos, bascos, catalães... Mas hora também de manter a verdade ereta sobre a negra pátria. Claro! E, para colocar ordem no recinto, lembrar-me da Guerra Civil e das lendas que se criaram. Uma delas, exumando o batalhão de gringos suicidas, como Hemingway e Koestler. Outra, sobre a humilde mulher com feitos notáveis chamada *La Pasionaria*, mas cuja exatidão exibo agora em detalhes surpreendentes: seu nome real, Dolores. Em verdade, *La Tinturera*, pois tinha uma lavanderia em Madri. Durante invasão na cidade e dizendo-se "generalíssimo", um idiota ali entrou com seu pelotão de 250 soldados e ordenou que lavassem e passassem a farda de todos. Que merda! Era muita roupa para se cuidar!

Assim, receosos, os balconistas disseram que só as lavariam. Entretanto, ameaçador, o oficial puxou do trabuco e ordenou que as lavassem — e mais —, as passassem também. Nesse momento cruel, diante da truculência exibida, *La Tinturera* subiu no balcão, esbugalhou os olhos, abriu bem as pernas numa atitude formidável e, em defesa de seus funcionários intimidados, berrou enfurecida:

— *No pasarán!*

Apavorada por tal conduta, a tropa se retirou humilhada, aumentando a fama da heroína que virou lenda e expandiu negócios com a lavagem de poltrões fugidios. Fantástico!

Outra delas, é a do grande Gaudí, cuja glória se estabeleceu após edificar alucinadas obras em Barcelona. Porém, a verdade una e indivisível mostra que a fama só lhe veio a partir de reforma feita numa estranha casa em Salamanca, onde um dos cômodos oscilava, claudicando com persistência. Como nada entendesse, refletiu e atinou que o problema estivesse no nome da cidade, sugerindo medidas ortopédicas para resolver o caso tão obviamente ortoépico. Portanto, mandou que se edificassem gigantescas próteses de tijolo com cimento e pronto, resolveu-se a questão. Simples! A natureza dos problemas encontra-se sempre na estupidez das obviedades mais singelas.

Viram então o que são lendas peninsulares? Pois bem, nessa insone madrugada, após narrar pequenos instantâneos da verdade ibérica, ainda sou assediado por curiosos que indagam se o sucessor de João Paulo II será ou não um pontífice espanhol. Droga! O que responder-lhes depois disso tudo?

Ágil, digo que apesar do "J" parecer um anzol pernicioso e das papilas filosóficas pescarem tão bem os absurdos da ocasião, devo sempre lembrar que não sou um trovador de Toledo e muito menos possuo papas na língua. Só isso.

Bom dia.

Esperando bidet

"O melhor da erudição é poder-se tripudiar sobre ela"

(lavra pessoal)

Eu sei, todos aí aguardando algo sobre Beckett ou Cacilda, porém, apesar da súbita broxada, não é nada disso. A verdadeira, honesta e límpida intenção aqui é pensar naquilo mesmo: bidês, utensílios metempsicóticos, higiênicos e esteticamente perfeitos através dos quais a Grécia, por séculos, tem contribuído para com o equilíbrio da humanidade. Sabendo disso, possuo um de seus raros exemplares em meu jardim, onde o inútil sempre acontece de forma vantajosa e, perplexos, transeuntes desarvorados indagam se estariam mesmo no local correto em horas tão absolutamente errôneas. É fantástico!

Também sei, esta maneira enfática, hiperbólica e persuasiva com que revisto certos conceitos pode subverter o sistema, transformando uma banal paisagem de banheiro numa enlouquecedora visão de Tróia, onde o sexo galopava pelas sutilezas textuais de Homero, para quem a visão de Helena pudesse significar algo mais que a simples invasão da Argólida sob um retumbante tesão de argola, em Mitirreno ou até — quem sabe — Termópilas, local em que a coerência dos fatos se aproximava muito àquela que vemos e, afinal, Heródoto surpreendeu convivas, acabando surpreendido pelo pastiche gótico que se estabeleceu na História.

Obstinado e pensando no caso, continuo achando fascinante usar o crânio para separar orelhas. Sim, melhor que isso, só o que aí está, ou seja, restolhos da inutilidade ilusória que cenograficamente parecem fazer sentido, todavia, nada servindo para as exações metafísicas impostas pela sociedade com sua moral, religião, ética e outras obscenidades convencionais.

Também sei: apesar do aparente ceticismo com o qual procuro encaixar fantasiosas opiniões em simbólicos cochos filosóficos, parece-me utópico dizer preciosidades que só a experiente convivência com a lógica justifica. Contudo, quem provará o contrário, hein, quem? A realidade, afinal, existiria mesmo ou seria só o músculo das mídias a nos atulhar os miolos com pretensas idéias de algum prazer enganoso?

Portanto, para baixar a temperatura de tantos raciocínios abrasadores e voltando à rotina inicial, lembro-me de professor de português em cujas aulas era terminantemente proibido usar verbos copulativos para nos expressarmos. Dizia que sua classe não viraria um bordel! Pobre homem, morreu de sífilis e — o que é pior — sem sequer rever o crucial problema dos colchonetes furados.

E é nesse clima profundo, nostálgico e ofegoso de horror que saio correndo, ligo o ventilador, atravesso o estúdio ventando, ligo outro e, assim como santa Teresa entrava arfante em sua cozinha, sento defronte ao cavalete em chamas e, axilas fumegantes, começo a imaginar a pintura-fogaréu que executarei ouvindo *Orfeu no inferno*, de Offenbach, que é minha música predileta nesta época do ano.

Certa vez, Clarice me confidenciou que seu retrato feito por De Chirico lembrava a labareda que consome sempre. Pobrezinha! Tão marcada pelo fogo que lhe enrugou a pele e parte do espírito. Por isso, três preces e o melhor *scotch* à Lispector, que não sentia brancos na hora de escrever, pois com ela dava-se o rubro. Aliás, o mesmo que sinto agora, esvaindo-me em protérvias malabarístico-transpiratórias e lembrando sempre a clareza insofismável que devo exibir ao gentil leitor.

Pensando no assunto e tomando de Ariadne o fio da meada, lembro também que a Arte me vem da infância. Há pouco, falei sobre um pediatra que me queria pincelar a garganta. Embora pequeno, perguntei-lhe se tinha algum talento para fazê-lo e, diante de sua tibieza irrisória, dei-lhe um solene pontapé no rabo, arranquei-lhe o pincel das mãos e (pasmo total), eu mesmo me pincelei, isto é, ainda que de dentro pra fora, tornei-me fruto de minha própria imaginação. Por conseguinte, desde criança virei pintura e procurei me enquadrar. Não é incrível? Por isso, aponto o dedo e digo sempre a Diane:

— Vê aquele prego solitário na parede? Pois bem, assim que as visitas saírem, pendure-me lá.

E ela, lépida e zelosa, faz como peço. Então, quando a noite chega, no momento mais íntimo dedicado às visões e jacarés surreais, a musa apanha o quadro-toledo, pendura-o, ilumina-o à luz de archotes e, assim como fazia Vermeer, coloca *headphones* e fica ali, ouvindo-me contar sobre paisagens interiores até ambos desfalecermos, virtualmente consumidos pelo que os franceses chamariam simplesmente de *"rien, bon-songes"*.

Viram? Isso foi só uma prova de vida solsticial. Durante a existência, ao contrário das mesmices enluaradas do homem de lata do *Mágico de Oz*, este *Tabagic Boss* respira, aspira, conspira, suspira, transpira e expira, portanto, como notaram, nem mesmo Ibsen imaginaria seqüência tão calorosamente desodorizada para a assepsia dos aplausos finais, sobretudo, lembrando a implícita inocência dos bidês noturnos num clima de sujidade tão explícita como se vê agora.

Bom dia.

Há 50 ânus

"Nem toda virtude está sempre onde mais se busca ou menos se cogita"

(lavra pessoal)

Apesar do ostracismo em que foi atirado pela prodigiosa ignorância de nosso tempo, Teilhard de Chardin deu a fórmula: *"Na escala cósmica, só o fantástico tem alguma chance de ser possível"*. Assim, na cotidiana cegueira das mesmices avantajadas, optou-se pelo mimo dominical, esquecendo-se da essência nutritiva, leitosa e wagneriana da pasta que o raciocínio teilhardino nos tentou legar.

Examinada a asnice, lembro-me de arquétipos que logo me transportam às baias da quiromancia e *Abacur*, o cavalo de Suna, deusa por quem o Capitão Gancho não dava a mão à palmatória. Incisivo, afirmava sua verdadeira crença na digitalidade da estupidez em se confundir tarifas com tarefas. Para ele, não só era absurdo ponderar-se a obra *O senhor dos anéis* um best seller como também — e sobretudo — imanicuráveis as manias do público em seguir o exemplo de Pilatos, para quem era hábito lavar as mãos ao invés de calçar as luvas. Portanto, nada melhor que a sobriedade existencial no lugar dos chistes trevosos com que a realidade nos faz sorrir.

Diante disso e com o peito roto de saudades, vejo que bons jornais, além de terem vasta tradição (caso deste veículo), ostentam sempre uma coluna resgatando fatos passados há muito. Sim, é o pretérito dos calendários obstinando-se em nos levar de volta àqueles períodos perdidos na memória e, afinal, provar, preto no branco, que a estultice humana é mais antiga do que supunha a nossa santa ingenuidade.

Então, demonstrando que não só Proust cometia tais façanhas, colho agora o quinhão sentimental deixando-me levar no tempo pela nostalgia das histórias vãs que me ficaram ali, indeléveis no bestunto, época em que se respeitavam delírios, que conheci *Guernica* e Freud era simplesmente visto como bizarria terapêutica.

Hoje, porém, herdeiros do frenético, o que vemos? Neuroses persecutórias, temíveis paranóias e histerias desoxirribonucléicas. Só isso.

Se quisermos escrever uma simples carta, vêm-nos logo a questão: por que apanhar o ganso, arrancar-lhe uma pena do rabo, adquirir tintas incríveis, papéis impressionantes e rebentar os punhos, quando temos a agilidade tecnológica da informática, hein?

Isso me faz esquecer as congênitas virtudes da noite, recordar dos homens da Renascença e Alan Turing, o matemático britânico, pioneiro na teoria da computação que, não possuindo paz nem sabendo solucionar a própria sexualidade, foi assolado por uma ginecomastia e acabou se matando para sempre.

Já notaram? No início, era-se preciso ser gênio para mexer com tais engenhocas. Agora, qualquer idiota pode enfiar sorvetes na testa, adquirir computadores na esquina e ainda viver como um herói plastificado.

Outro caso? Por absoluta falta de controle emocional, há pouco vi um cliente empolgar-se com meu humilde scotchmóvel e, transbordante de inveja, adquirir o que chamou de "carrão". Pobre alma, parecia um ímã de geladeira, absolutamente cretinizado pela nova conquista que — conforme alegava — fazia cem por hora em segundos. Induzido por apelos publicitários, comprou-o depressa e se arrogou, dizendo que a nova máquina tinha "injeção inteligente", "suspensão inteligente", "transmissão inteligente"... Meu Deus, pensei, mas isso é uma tragédia digna de Sófocles! E pedi a ele que vendesse o carro imediatamente, pois, segundo meus cálculos, era muita inteligência para um só burro dirigir. Todavia, não me deu ouvidos. Vociferou e saiu a toda, trombou num muro e quase teve de vender a família para pagar dívidas. A seguir, em total aflição, empregou-se no comércio varejista para apascentar credores e se deu pior ainda. Resultado: como era desarvoradamente histérico, feriu-se numa ponta de praia, contraiu tétano e acabou na UTI.

Viram? Tanta intransigência por um tão pequenino Nada.

Contudo, ao mesmo tempo que o jovem sofria este ligeiro revés pseudomasoquista, o Surrealismo galoparia em glória outra vez. Sim, ao visitá-lo no hospital e lá pensando no passado trazido pelo zelo dos bons jornais que ainda mantêm histórias para resgatar, fui testemunha ocular, auditiva e olfativa do mais breve e extraordinário diálogo já presenciado por algum mortal. E, apesar da emoção e toda expectativa, valeu.

Primeiro, foi um tolo cardiologista perorando sobre protrusões naquele músculo viscoso, irrequieto e sanguinolento com suas obsessivas manias de tic-tac. Depois, ouvi as baboseiras de um neurologista sobre a regeneração do fluxo cortical com anamilostose do lóbulo frontal e outras cretinices acerca do cérebro, o mais torpe e obsceno órgão das anatomias.

Entretanto, os deuses não iriam me abandonar ali: foi quando o eminente proctologista da clínica entrou e, passando pela sala de espera, dirigiu-se à enfermeira dizendo-lhe com a rotineira simplicidade que antecede as grandes e esfingéticas ocasiões:

— E então, Dona Maria, muito trabalho para hoje?

E ela, respeitosa:

— Sim, doutor, há 50 ânus.

Bom dia.

Na pior das hipófises

"Só uma coisa é má na Realidade: a sua impressionante semelhança aos cocôs"

(lavra pessoal)

Quando o rei morreu — conta-nos Shakespeare no *Hamlet* —, algo de podre infestava os ares da Dinamarca. E o régio espectro então se fez necessário para assombrar os abutres que conspiraram pela usurpação do poder, do leito conjugal e — o que me parece mais interessante — de tudo aquilo que não estivesse muito bem pregado. Mas era só um efeito especial, nada mais. Identificado, o miasma se dissipou e o caso é hoje lembrado somente nos brechós de Copenhagen.

Porém, na época, pensando na posteridade e também perturbado com o suicídio de Ofélia, o jovem príncipe apanhou um crânio, esperou o contra-regras atirar fumacinhas em cena e, imbuído de toda a dramaticidade shakespeariana disse: *"To be or not to be..."*, que Oswald de Andrade imediata e sabiamente modificou para *"Tupi or not Tupi..."* e que Toledo, agora, às vésperas de abrir suas braguilhas filosóficas sob o olhar atento do gentil leitor, proclama: *"Top-top or not Top-top..."*

Assim, volto a atenção ao noticiário atual e, ainda aturdido com a profusão de prodígios, acendo o charuto, preparo um uísque e me ponho a lembrar de Ambrose Bierce que, oculto sob espessas camadas de bom senso, já advertira que as abóboras são plantas cujo fruto têm, aproximadamente, o volume e o conteúdo da cabeça humana. Nada mais certo!

Pois bem, às vésperas de novas carnagens impostas pela Razão, tiro da cartola delicadas pérolas da estupidez e relaxo. Sim, às vezes acho necessário dedicar-me às amenidades que tanto a platéia aprecia.

Por conseguinte, logo ao soar dos tambores, vem-me a impressionante figura de Camillo Cavour, o sábio piemontês que, na pré-guerra que se seguiria pela unificação italiana, interrompeu o *spaghetti*, degustou o *chianti* e, com seu olhar penetrante e impenetrável, agarrou Garibaldi pelas barbas, fitou-o profundamente dizendo-lhe que fizesse o que bem entendesse com sua baioneta, exceto sentar-se nela.

Ora, ambígua, a expressão criou perplexidade em Turim, levando o editor do *Risorgimento* a publicar manchete anunciando: *OS ANAIS DA PAZ PERICLITAM!* Tudo bobagem, entretanto, transpondo aqueles fatos edificantes ao que se passa hoje em dia e lembrando a figura palaciana mas nem sempre palatável de Condoleezza Rice, vemos que a baioneta, sim, poderia lhe ser cômoda agora, quando, sorridentes e em coro, mudaríamos condolências por flatulências e as enviaríamos a Bush, Saddam, Rumsfeld, Powell e quejandos. Simples!

Afinal, é a Democracia em marcha. O mesmo entusiasmo que promoveu aquela estranha festa russa aqui e uma estúpida eleição americana ali, se é que me entendem. Com isso, demonstro sob pitagórica precisão que, assim como algumas sujeiras são varridas para debaixo do tapete mais bonito, o Poder sempre se oculta debaixo do topete mais cretino, ou seja, na pior das hipófises.

Eu sei, parece exagero, porém, que fazer se a intenção aqui é pensar na amorfa inocência das multidões, o *Servum Pecus* que eleva ao poder um punhado de sacripantas e depois fica ali, gemendo e chorando?

Durante a noite do Terceiro Reich, ladinos, os nazistas penduraram um letreiro na entrada do campo de Auschwitz dizendo: *"O trabalho liberta"*. Pronto! Estava criada a cenografia da credibilidade letárgica. Exatamente o mesmo que ouvir as *Fugas* de Bach no presídio de segurança máxima de Bangu e se sentir correndo pelos jardins do Éden.

Portanto, volto a lembrar de Hamlet, da asnice humana e de Schopenhauer, que um dia fendeu o crânio de seu adversário e lhe devorou os tutanos, achando-os insuportavelmente insossos.

Retomando investigações, pedi à eminente cientista que me trouxesse luz no fim do túnel, onde, aliás, o celular não funciona.

Pensando bem, o alentado dossiê o credenciava a auxiliar em minhas craniomânticas obsessões de ponderar sobre a flexibilidade da estupidez. Sim, convenci-me: só ele poderia ajudar-me naquele instante.

Contudo, foi decepcionante. Sob exasperantes perorações acerca da técnica ideal, o gênio se esqueceu de explicar como proceder após trepaná-la, isto é, o que refletir a respeito do achado lá dentro, fosse qual fosse.

Assim, imbuído de humildade, vesti o uniforme, franzi o cenho, lembrei-me das anatomias comparadas, apanhei uma magnífica abóbora em estado de total madurez craniográfica, trepanei-a e, com ela aberta nas mãos e buscando a Verdade em seu bojo viscoso, descobri consternado não haver nada ali. A tão propalada inteligência era uma falsificação da Natureza! O vazio não possuía o frescor dinamarquês, a aflitiva dramaticidade shakespeariana sumiu e — o que é pior — os podricalhos da corte se exibiram muito mais abobalhados que abobodados, portanto, inútil filosofar a respeito, senão — é claro — jogando aquela merda ao lixo, reacendendo o charuto e simplesmente concluindo ser tudo abobrinha e, afinal, intuir que só mesmo o desodorante pode tornar o homem superior a certos dejetos.

Bom dia.

Recontando os zeros de sempre

"Ai daquele que dispensa a Fantasia da noite para nutrir-se das realidades do dia"

(lavra pessoal)

Logo após inteirar-se de Diderot e ser iluminado com o que de melhor o Iluminismo dispunha, o grande Samuel Johnson decretou que a vara de pescar tem, numa das extremidades, um anzol, e na outra, um imbecil. Muito bem, contudo, depois de subir as *highlands*, provar a magia dos velhos maltes e escrever sua *Viagem às Ilhas Ocidentais da Escócia*, aí sim, tornou-se sábio de vez e descobriu que a imbecilidade está mesmo em toda parte. Daí a necessidade da extrema assepsia filosófica na conduta diária, sobretudo nos grandes momentos criativos, quando o dia e a noite se fundem em luxuriantes e solitários cenários de uma mítica, silenciosa, mas profundamente poética maneira de ser, existir e interpretar os mistérios da vida.

Portanto, sabendo daquela ubiqüidade trevosa, apesar de enfático e metafórico, sempre expliquei que iniciar um texto é assim, como tirar azeitonas do vidro: depois de saída a primeira, o resto torna-se mero passeio. Contudo, esse não era mais um daqueles aforismos madrugadeiros, insinuando que a relação entre o escritor e algures pudesse parecer complexa e delicada. Não! No fundo, o solene momento de encarar a alvura da tela é, sem dúvida, uma atitude heróica e desbravadora que, para tanto, deve ser vista com total magnanimidade.

Eu, por exemplo, levo isso a extremos. Sim, antes de deflorar a virgindade existente na pureza do Nada, visto meus balandraus de monge trapista, preparo um perturbador *scotch* provindo das *lowlands* de Aberdeen, acendo um magnífico habano e só então deixo os miolos ficarem à deriva, totalmente receptivos às coisas da mente, assim, como nos *Exercícios espirituais* de santo Ignácio de Loyola, o ex-oficial dos exércitos espanhóis que, após inteirar-se de que os nove filhos do papa Alexandre VI eram mesmo legítimos e cretinos, por birra, sepultou-se nos subterrâneos de Montmartre e ali, entre asceses místicas e delírios persecutórios, fundou a Companhia de Jesus, só para fazer concorrência à Companhia das Letras...

Mas, retornando, jamais deixo que esse estado aparentemente semicataléptico me aparte de todo da Realidade. Caso contrário, seria como matar a galinha dos ovos de ouro. Sim, o que de fato fomenta meus grandes momentos criativos provém do Real que, como se sabe, possui virtudes entorpecentes. Por isso, e tendo sempre em vista os arrulhos de Michel Quoist, lembro a todos que, obliterado por sua inexcedível estupidez, o próprio general Ludendorff enlouqueceu. Quando o nazismo começou a recrudescer, compulsivo, passou a escrever livros antisemitas, depois, anticatólicos, antimaçônicos, antiescorbúticos, antiferruginosos, enfim, tornou-se o que os psicanalistas suíços chamam sabiamente de *"excentrique très faisandée"*, o que o levou a degradar-se pelos limbos da História e pendurar a si próprio naqueles cabides de onde ninguém mais sai.

Assim, inspirado no que o homem possui de suscetível ao apodrecimento espontâneo, examino as notícias do dia, coloco-as numa vulgar balança de quitanda oculta sob o teclado e, após aferir-lhe o peso filosófico, inicio então as lucubrações da noite, as quais divido com a abstergente cumplicidade do gentil leitor que, sem correr risco algum de contaminar-se, fica só ali, espiando, espiando, espiando e tentando desesperadamente compreendê-las.

Já se disse: inútil insistir! O acrobático automatismo psíquico dessa atitude faz com que a inalcançável criptografia tolediana permaneça eqüidistante e a salvo do vandalismo analítico, autoprotegendo-se da insipidez dos que teimam em rotulá-lo com as pobrezas adjetivas do simplesmente "hermético".

Todavia, e apesar da gratuidade estabelecida no conflito existencial, anuncio que isso tudo não passa de preconceitos. Sim, quem estaria interessado em desvendar o âmago de tais mensagens? Sobretudo num instante de tanta harmonia, quando a humanidade permanece serena e um gênio tipo Bush, humilde como a aurora boreal, nos dá provas cabais de seu raciocínio útero-amniótico em perfeita simbiose com as maquiavélicas omissões instauradas num Vaticano em festa que, no momento, entretido com os dogmas visionários sobre o uso de camisinhas, eliminou da praça até mesmo os mais singelos conceitos de Alfred Kinsey, através dos quais uma ninfomaníaca é só alguém que faz mais sexo do que você.

Então, diante do fascínio pelas maravilhas que vemos, franzo a testa como a rosca de uma bela lâmpada Osran, cravo o olhar no mais infinito das quimeras vãs e, perplexo, pergunto se, de fato, alguém se preocuparia em perder tempo interpretando minhas pequenas e intumescentes revelações noturnas, hein?

Especialmente agora, quando pondero esse enfeixe preciso para meditar um pouco, repousar o crânio num travesseiro com penas de Talião e, afinal, concluir que, de fato, são mesmo bem-aventurados os que conseguem não compreender coisa alguma.

Bom dia.

Meu tipo inesgotável

"A liberalidade atual é tanta que, hoje em dia, até a ira dos deuses pode ser deixada para amanhã"

(lavra pessoal)

Além de nostálgica, orgiástica mesmo é a coisa de recordar. Contudo, impossível deixar de rever um Marcel Proust ventando atrás de tempos dispersos, fuçando relógios malucos, provendo clepsidras, entornando ampulhetas e constatando inócuas tantas, heróicas e frustrantes tentativas de recobrá-los. Porém, como a caminho da primaveril estupidez dos tempos idos sempre aconselhara que deixássemos as mulheres belas para homens sem imaginação, isso me cheirou a um botóxico ataque de amnésia, levando-me imediatamente a recordar as muito mal diagramadas George Elliot, George Sand e Virginia Woolf, as três mulheres mais esquizóides da literatura universal, ainda porque pouco se soube das safadezas de Safo ou das virtudes bovinas de la Beauvoir.

Assim, através de minha prodigiosa e elástica imaginação e com os olhos rasos d'água, tirei a noite para pensar no assunto, degustar charutos e sorver scotchs ao som de Mahler, único consolo auditivo que tenho desde que ouvi pela última vez o canto das cotovias que, como se sabe, já habitaram esta leonardesca beira de rio onde moro e que certos idiotas insistem obstinadamente em chamar de *"neurotic landscapes"*...

Nisso, estava ali, quieto, prestes a desenvolver surpreendentes raciocínios acerca das idiossincrasias proustianas e sua vital importância na interpretação de alguns textos bizantinos do século IX, quando, sem que sequer suspeitasse as causas, fui assolado por motivações muito mais severas e pragmáticas sobre o negócio de analisar o mundo pela inclemente ótica surreal. Sim, o bizarro contemporâneo parece superar expectativas, neutralizando quaisquer tentativas de grandes vôos. Haja vista, por exemplo, o caso de Ícaro. Até ele despencou das nuvens quando soube da Realidade. Assim, por que o pequeno Toledo, um homem reconhecidamente sem brevê, com os pés no chão e os olhos cravados num garçom prestes a sumir no espaço, iria se preocupar com tamanhas tolices, hein?

Não, não e não! Além de caro, espaço em jornal é coisa séria e só deve ser preenchido com textos de interesse público, deixando tais bobagens ao visionário sabor de poetas doidos, artistas desequilibrados, literatos hirsutos, boêmios insones, alumbrados infames, surtados ruidosos, excêntricos tabagistas e toda aquela caterva ociosa que fica aí, ruminando problemas somente para emperrar as delícias do progresso. Sim, o rigor das realidades deve ser resguardado a todo custo daquela malta ultrajante e vil que só tenta solapar com o merecido sossego público.

Conseqüentemente, voltando a Proust, desnecessário resgatar o tempo perdido e retornar às origens só para confirmar de vez o fato de estar tudo bem, no lugar correto e debaixo de absoluto controle. Afinal, vivemos sob a Paz e em pleno processo democrático de equilíbrio, concórdia, harmonia e na total certeza de que atividades intestinais e o farto exercício da democracia nos tornam todos iguais.

Portanto, o que pensariam os gregos se nos vissem aqui, como lacrimosas carpideiras a lamentar por tão sábias atitudes, justas decisões e o honesto proceder desses homens probos? Coisas de gentinha... A patriótica honradez contemporânea é fava contada. Hoje, finalmente podemos cair de joelhos, contemplar os céus, levantar os braços desodorizados pela coerência das lógicas e dizer que o voto é consciente, o futebol de várzea uniformizado e nossos líderes escolhidos a dedo, assim, como nos bons exames proctológicos realizados em alguns queijos.

Dessa forma, sabe-se: havendo embuste, má-fé, incompetência ou pequenos sinais de pérfida desonestidade, pronto! O ordálio será publicamente exposto, a espada da Virtude brandirá, a Justiça será feita e o biltre lançado à sanha do eleitorado alerta e implacável. Maravilha! Por conseguinte, nada de aflições. Em último caso, as urnas sempre nos livrarão desses tipos indesejáveis, atirando-os ao limbo dos grandes esquecimentos.

Vide por exemplo o caso daquela excrescência baiana, cujo nome ninguém mais lembra e sobre a qual a inexorável memória das multidões só associa à inocente existência da Associação Cristã de Moços... Onde andará, hein? Sumiu! O viscoso ranço de sua trágica lembrança foi apagado de nossas vidas e pudemos todos voltar a cantar velhas canções pastoris exaltando a pureza da vida e a retidão das belas condutas. Não é fantástico?

Então, gratos, devemos nos sentir seguros como em Gibraltar. Reclamar, depois disso, seria o mesmo que renegar o privilégio de escolher governantes, abjurar o gozo da Justiça, renunciar às grandes conquistas sociais e retroceder ao passado trevoso, quando então reinava a podreira infernal e nem se tinha o direito de contemplar estrelas como Proust, a não ser, é claro, levando um solene pontapé na próstata.

Bom dia.

Jack, o stripteaser

"Deixemos aos tolos a pretensão de que a Realidade é uma dádiva"

(lavra pessoal)

Que os homens nascem livres e iguais, sem dúvida, é uma das maiores bobagens da Revolução Francesa. Imaginar que tal abstração seja o nivelador ponto de partida para que todos pareçam estereótipos de si próprios é pura bestice e só deve ser pronunciada por aqueles que não conheçam nem chus nem bus de antropologia surreal.

Visto a insensatez cometida há tanto em nome da *Détraqué-Égalité-Fraternité*, resta espiar a realidade e, em nome do bom senso, cobri-la com uma pá de cal e dar graças pela existência do higiênico *nonsense* como o melhor regulador emocional à disposição.

Portanto, lembrando que Benjamin Franklin imortalizou-se empinando pipas e o pequeno Toledo está quase lá com sua arte de dividir o dia sem usar garfo e faca, recordo-me de Bill Avalon, o *chef* inglês que foi para a Suíça e ali abriu uma lanchonete chamada *AVALANCHES*. Coitado, logo na inauguração foram todos soterrados.

Pois bem, o bom Avalon era um puritano tão cioso que, após vestir até a perna das mesas, proibiu terminantemente que se tivesse em casa cristais da Boêmia, parapeito em janelas e camisinhas nos lampiões. Tão excitante quanto as lições de harpa de Beaumarchais, em seu bar, também era tabu falar de gays, lésbicas, bissexuais e transgêneros. Ali, só se podiam cultivar depressões heteroespiroquetas e lembrar que, devido ao sexo, nem sempre homens e mulheres demonstravam nexo.

Rei da intolerância, Sir Avalon, a mula de Cavendish, certo de que seu filho, Jack, fosse um verdadeiro estivador sexual, descobriu-o certa noite num inferninho a tirar a roupa para alegrar a platéia. Era uma daquelas simpáticas bichonas cuja existência nem mesmo o Dr. Ross saberia explicar. Tragédia total! Pai feroz e achando-se ciente do certo-e-errado, subiu ao palco e, após derrapar sobre toneladas de plumas e paetês, matou o alegre rapaz enforcando-o com as próprias ligas e depois, não satisfeito com a dramaticidade do ato, mostrou a todos as virtudes da leitura dinâmica, tirando do bolso o livro *Norte das águas*, de José Sarney e, lendo-o em segundos, suicidou-se ante o pasmo geral. Dramática, a data é até hoje apontada na imprensa londrina como *The night of the flowery phallus*...

Isso me lembra conversa com os analistas ingleses Frank Philips e Wilfred Bion e o crucial assunto da repressão sexual das marmotas quando, a seguir, lhes expliquei a velha noção de que nem tudo o que reluz é ouro. Sim, parecia-lhes fácil explanar sobre repressões. Difícil, portanto, seria inverter papéis e trocar o discurso do "repressivo" pelo "libertador". Pensando bem, até o psiquiatra Theodore Simon tentou medir a inteligência infantil e acabou aloprado, sem descobrir coisa alguma.

Explico: no caso dos analistas amigos, a situação complicou-se ainda mais. Sim. Ambos eram idólatras de Melanie Klein, a terapeuta especializada em pimpolhos que quase levou a família ao delírio e a filha, Melitta, a usar de filtragens filiais para deglutir a insipidez da mãe e não confundir o neurótico e descafeinado sabor maternal com os aromas da repressão bem-passada.

Eu sei, parece complexo, porém, lembrando que — a exemplo de Anna Freud — os sábios britânicos não foram mães, torna-se fácil essa conversa de repressão, assim como foi adequado a Rousseau ter cinco filhos, enfiá-los todos num orfanato e depois perorar com talento sobre direitos humanos.

Não, não. Difícil mesmo fica sendo falar em liberdade. Ou ainda, pô-la em prática, o que torna a questão mais custosa para os de compleição mental delicada, engajando-os inclusive no direito de serem livres em usar as utopias da língua solta para desfrutar suas próprias prisões de ventre.

Com a chegada das globalizações, o fenômeno parece ter apodrecido de vez. Na Grécia Antiga, por exemplo, morria-se pelo direito de amar o belo. Hoje, banalizada pelo tédio, o constante exercício de assistir TV e achar divino seu conteúdo, a humanidade esqueceu-se até da liberdade de esticar o dedo para desligá-la, assim como o direito de interromper certos vícios com o acusativo indicador dos Nadas.

Afinal, temos de imaginar alguma utilidade para a Democracia. Ainda que tolice ilusória, é o melhor que nos resta. Então, que fazer?

Vêem-se hoje pessoas sendo abatidas nas ruas, entretanto, a sociedade fica ali, importando-se com bobagens comportamentais como a de Jack, o stripteaser, inocente bichinha que só queria exibir a rosca sem provocar enrosco. Apesar de Aristóteles ter sido o primeiro a reconhecer a sexualidade dos insetos, nunca se demonstrou a vantagem da Lógica sobre o tesão dos coleópteros. Assim, no que a lascividade entomológica mudaria a questão, hein?

Portanto, sabendo disso e usando a coerente liberdade que me cabe, prossigo na linha apologética da insânia total contra a demência geral, porém, lembrando ainda que revelia não é nome de palhaço e, é claro, preferindo sempre malhar em ferro frio que acabar de cabeça quente.

Bom dia.

Ditirambos sobre o dito-cujo

"Não há nada mais arriscado que estar sujeito à estupidez alheia"

(lavra pessoal)

Para escrever o que se segue, transformo rapidamente todo o cenário acerca do Iraque em simples noções de araque, arranco óculos e, semi-enfurecido, calço um terninho de marinheiro adquirido há pouco nos Açores, entregando-me então às delícias da temporada e ao inusitado prazer de criar. Sim, além da absoluta euforia de certificar que é mesmo muito melhor estar só de que mal acompanhado, essa atitude noturna faz-me cantar como um pássaro enlouquecido, abrir *scotchs*, acender habanos e, afinal, como alguém que nada tenha de equilibrado a dizer diante das velhas rotinas da Lógica, enunciar certas verdades tão candentes de indignação.

Dessa forma, iniciando as reflexões da noite e, antes de tudo, advirto que, revolucionário e apesar do nome, frei Caneca era totalmente abstêmio. Dito isto e em conformidade com a obstinada coerência exibida até agora, submeto-me aos enlevos surreais do psiquismo hidratante, deleitando-me com o saber desses pequenos arroubos filosóficos que me levam sempre a pensar nos idiotas que, desarvorados, ainda crêem que Carl Orff tenha criado o "canto orfeônico", assim, como se Charles Gounod tivesse inventado a gonorréia. Pura estupidez onomatoprestidigitatória.

Eu sei, pode parecer exagero admoestar-lhes com detalhes de aparente insolência, porém, sei também que, a despeito de suas viciosas interpretações sobre o "celibato sem culpa", Henrique VIII casou-se seis vezes, entretanto, não resistiu à tentação de jogar grandes quantidades de merda no ventilador e degolar Ana Bolena e Catherine Howard que, como se sabe, jamais se deram ao trabalho de examinar se tinham algo que valesse sobre o pescoço, antes tão cobiçados por Thomas More, o visionário chanceler que amava as coisas do espírito com a mesma e dogmática seriedade com que os fiéis se recusam a mastigar confetes na Páscoa. Impressionante!

Portanto, sabendo que uma vez por dia até os relógios dizem a verdade e a função de todo artista é mesmo surpreender, declaro solenemente que já é hora de a Fantasia tornar-se saudável e acabar com beligerâncias, sendo muito mais edificante pensar em felinos que caninos, sobretudo em meu gato que, agora, num verdadeiro rasgo de generosidade, revelo a todos chamar-se Vasecto. Mas percebo: nesse instante de crucial atenção, untados pelo mesmo desejo de saciar crendices, os tolos me perguntarão com avidez:

— Mas Toledo, Toledo... afinal, por que um gato chamado Vasecto?

— Porque — lhes direi — Vasecto mia.

Eu sei, em oposição às tensões mundiais do momento, a aparente puerilidade que envolve o ato credencia-me a falar do bichano com uma autoridade quase tão severa quanto a do arcebispo de Canterbury, para quem, aliás, no escuro, todos os gatos eram parvos. Pura besteira, no entanto, se George Bush pai tivesse se vasectomizado no passado, não haveria o George

Bush filho nos aporrinhando no presente. Não é fantástico? Coisas do Verbo...

Assim, voltando ao caso, pergunto: o que pode ser mais suave e contraceptivo do que o miar de um gato pedindo leite, hein? Sim, com isso, e sem deixar rastros de dúvidas, deduz-se na hora que, ao contrário do que se pensa, laticínios jamais produziriam bombas e em latifúndios não se promoveriam guerras. Simples!

Portanto, e em consonância com o bom senso que costumamos ver diariamente na imprensa, relaxamos na reconfortante certeza de que o futuro será brilhante e a prosperidade irá florescer, assim como vem sendo desde que os icsos invadiram o Egito e Margareth Thatcher acabou instalada de vez numa vitrine do Museu do Cairo, deixando-nos em seu lugar — é claro — um tonificante Tony Blair com sanhas de tonitruar.

Logo, nem pensar em tolices. Apesar das querelas sugerindo prenúncios de luta e um tolo a revelar vestígios de luto, o momento é de austeridade e aconselhamento àqueles que se sentem incomodados com a violência urbana. A esses, sim, tenho a dizer que penso seriamente em mudar-me para Samoa ou Fiji, últimos valhacoutos aos que buscam paz de espírito para poetar e serem poetados, isto é, entregar-se ao hermafrodítico prazer de se deixar levar por belezas interiores e acabar prenhando-se por elas.

E ali, lembrando do embrião que fui e o velho que jamais serei, lamber os beiços e seguir as pegadas de Anatole France, que só após escrever *Os deuses têm sede* acabou por descobrir o óbvio, encantando-se com o gosto libertário dos maltes e afirmando-se tão feliz quanto a astúcia das maltas.

Então, e só então, lastimar que a liberdade acabe quando não há mais ninguém que queira defendê-la, abrir mão da insensatez materialista da urbe, onde não se exerce mais o ludismo das coisas vãs e — paranóico — esquivar-me da magia de tergiversar, todavia, delirante, mas completamente apto a decidir entre as mastodônticas porradas do Rambo ou a beleza poética de Rimbaud.

Bom dia.

Bagatelas sobre Bagdá

"Inútil ler Camões sabendo que a Inês é morta"

(lavra pessoal)

Hoje, o coração sereno e tendo no peito a certeza de que o equilíbrio reina soberano no orbe, enquanto manipulo delicadas pedras de gelo que adornarão o *scotch* preliminar, sou imediatamente assaltado pelas imagens de Champollion a decifrar a Pedra de Roseta e pronunciar seu ameaçador axioma: "Que me importa que a mula manque se o que eu quero é rosetar".

Assim, dividindo a sabedoria egiptológica deste início com a cumplicidade do pio leitor, advirto-o sobre minhas leais intenções de viver para sempre com a cabeça nas nuvens, tirar brevê, dar asas à imaginação e, a exemplo do grande Lewis Carroll, girar enlouquecidamente em torno de temas tão belos para, afinal, escrever meu *Hélice no país das maravilhas*.

Todavia, e sempre atento ao perfil lombrosiano de um George Bush pai e à outonal estupidez de seu rebento odioso, simplesmente deixar que as palavras saiam assim, aos borbotões, para lembrar que aquele que demonstra ter muitos princípios certamente terá um fim miserável, máxima de Leopold Sacher-Masoch ao enfeitar a puritanice do século XIX com seus pruridos, auxiliar a psiquiatria a localizar masoquistas, empurrar Freud contra os divãs da História e, finalmente, levar o pequeno Toledo a criar a perversão chamada Saddamasoquismo, isto é, o prazer de imaginar que, enquanto bag tira, constatar que, na verdade, Bagdá. Se é que me entendem...

Antigo e surgido na velha Albion, o problema já afligira certos iluminados que, não obstante achassem que sexo fosse uma dialética sem tirar nem pôr, anteviram o conservadorismo vitoriano, porém, narcotizados sob a estultice dos mitos da Arcádia, bucólicos e pastoris, sucumbiram depois ao Nada das masturbações.

Contudo, superior aos demais e antevendo a trágica mudança que levou a Inglaterra a transformar sua pacata vidinha nos horrores da Revolução Industrial, William Blake criou *Canções de inocência*, apontando o iminente declínio de época tão promíscua. Décadas passadas, já mais simplista e após querer justificar a aridez de seu tempo, Freud achou que a voz do intelecto fosse suave, mas terminando por se fazer ouvir. Pobre Sigmund, sua diarréia humanitária e doce fluía ao mesmo instante que os canhões faiscavam no horizonte... Aparentemente simples, o erro antropológico foi notado inclusive por esquimós que, aliás, depois de lerem *A mente do homem primitivo*, também observaram que até as intenções de Franz Boas na verdade eram péssimas.

Numerosos, os exemplos tornam-se desanimadores. Isto é, parece que, ao definir o ser humano, alguns corifeus descambam por duas vertentes inevitáveis e corrosivas opções: otimismo exagerado ou positivismos excessivos. Pura bobagem!

Atormentado por isso e perseguido pelo clamor intestinal da hipocrisia alheia, Gauguin mudou-se para o Taiti e lá, achando-se livre dos odores sociais onde estavam todos, pintou o *De onde viemos? Que somos? Para onde vamos?* quando, introspectivo, procurou desvencilhar-se do Impressionismo, dando-nos a exata impressão de querer filosofar a respeito, porém, caindo fragorosamente na ingenuidade das mesmices oceânicas.

Entretanto e deixando de lado as questões da arte prepucial de Gauguin, retorna-se ao mundo Real, onde coisas palpáveis se tornam cada vez menos palatáveis. Assim, como agir e superar este obstáculo existencial que às vezes dura anos, hein? Como se sabe, pensando nisso, Nietzsche enlouqueceu de vez e o poeta Gérard de Nerval surtou, identificando uma atriz com a Virgem Maria e recrudescendo o ceticismo de Cioran — o último dos delicados —, para quem, há dois mil anos, Jesus se vinga de nós por não haver morrido num sofá.

Portanto, como se vê, a única solução para casos mais graves ainda é a abstergente saída surreal, em que coisas, acontecendo ou não, são meramente ilusórias, merecendo por isso o misericordioso sorriso dos burros e o satânico elixir das mordacidades.

Assim procedendo, evitar-se-ão os deprimentes recursos psicoterapêuticos que, sob pesos e medidas ajustados com analítico rigor, em última análise, podem mesmo nos levar à normalidade indesejada e acabar nos pasteurizando num prosaico processo de imbecilidade.

Não, não e não! Definitivamente, o desvario ainda parece mais coerente que a abstinência do tomismo de são Tomás de Aquino, assim como o criticismo de Kant parece menos nefasto que o cretinismo de Frias.

Sabendo disso, difícil atinar com uma só das coisas acontecidas nas *Mil e uma noites* de Bagdá. Logo, torna-se necessária a conhecida técnica que acabo de inventar chamada *delirium noctivagus*, em que cada qual deve acender charutos, sorver uísques ao anoitecer, inteirar-se dos valores pseudo-ético/morais, adormecer e depois sonhar. Sim, sonhar com qualquer coisa que seja, exceto, talvez, chapéus e sapatos que, obviamente, não teriam nenhuma utilidade onírica nessa lógica contemporânea tão sem pés nem cabeça.

Bom dia.

Babando aqui como Ali Babá

"Apesar de antípodas, nem sempre Verdade e Mentira estiveram tão próximas"

(lavra pessoal)

Pensando bem nesta época, na pobreza espiritual demonstrada pelas lideranças, no ostracismo a que os valores intelectuais foram relegados e — sobretudo — na fragilidade moral em que os sistemas políticos se exauriram, contrário e recusando-se a se deixar abater pelos frêmitos de uma guerra estúpida que não o leva, senão, a julgar o Homem uma zebra, o pequeno Toledo Campeador resolve agora franzir o cenho, levantar tapetes persas e, sob o heroísmo que sempre lhe caracterizou as atitudes, exibir ao gentil leitor uma fração atômica de seu dia, esse espaço de tempo absolutamente vital para que o sono produza a pasta emotiva, a substância pegajosa, leitosa, nutritiva e wagneriana com que seu trabalho deve ser provido às altas horas da noite e então, diante da trevosa incivilidade de homens surdos como uma porta, tentar dizer-lhes somente:

— *Abre-te, Sésamo!*

Para tanto, e tendo-se em vista o falso conceito sobre minha total alienação e a intocável obliterância da burrice humana, nada melhor que a Impassividade e recordar a ocasião em que meus sapatos de pele de saco de bode da maçonaria se danificaram nas andanças noturnas, tendo por isso de me aviltar, isto é, vestir a camuflagem de pelargônios, ligar o scotchmóvel e, ainda que isso signifique dissabores locomotivos, enfrentar o caos urbano com suas mazelas pequeno-burguesas, poluições avassaladoras e reconhecer aquela penúria existencial predita por Wendell Phillips, para quem todo artista encontra sempre o seu Waterloo. E depois, e só depois, afinal, procurar o melhor artesão que conserte os formidáveis pisantes, sem os quais não poderia circular através das penumbras do estúdio para, como de hábito, levar o Dr. Scholl à loucura com minha obstinada mania de enfiar os pés pelas mãos.

Eu sei, já me alertaram sobre a extensão destes parágrafos aparentemente confusos em que a verdade e o ilusório se diluem com tanta freqüência, porém, que fazer, salvo tornar-me útil à paisagem de coerências e capitalizar o Nada de meus pacifismos inermes, hein? Sobretudo agora, sabendo que burrice e vesânia caminham a passos largos em busca do IV Reich e a própria ONU não vale mais que um ânus?

Enfim, filosofias não remendam sapatos, então, o que resta mesmo é retornar ao caso, meter os peitos dos pés na estrada, e providenciar para que tal lanternagem seja efetuada de maneira simples, surreal e indolor.

Pensando nisso e já no desconforto da urbe, assim que estaciono, digo pequenas imprecações trucurrápidas a um guardinha truculento e, caminhando como um cão a procurar seu poste, dirijo-me ao sapateiro.

Tudo previsto, mas vindo de trás, algo incomoda, pois sinto na nuca o fervor de olhares atávicos, piedosos, extasiados, devocionais, como se minha humilde pessoa evocasse lassidões esquizogônicas em plena rua. Que droga!

Assombrado, estanco o passo, viro-me e vejo duas freiras com seus chapéus à la 14-Bis fitando-me obsessivamente. Caceta! Temeroso, entrei ventando na oficina e, ainda que aquela visão medieval trouxesse desconfortos persecutórios, caí de joelhos defronte ao sapateiro e, no exato momento em que lhe pedia que contasse a verdadeira história do "courinho que virou Corão", o sinistro par de pias espiãs irrompeu no recinto. Merda! Mas que diabos duas carmelitas descalças faziam numa sapataria?

Assim, cauteloso mas trêmulo de pavor, busquei uma atitude corajosa e, ofegante, pus o pacote sobre o balcão, olhei bem para o sapateiro do outro lado, apontei-lhe o indicador e disse:

— Sola!

Meu Deus! Lépido, submisso, inflando o peito e mão na barriga, o homem imediatamente se levantou e começou a cantar todo o segundo ato do *Rigoletto*. Um escândalo!

Porém, como tudo me é sempre pleno de magia, a resposta não tardou: as piedosas damas não queriam senão um autógrafo num antigo livro meu. Simples e fascinador, não obstante a capa do volume mostrar uma opulenta e exuberante bunda voltada aos céus redentores.

Que fazer? Apesar do susto pseudo-inquisitório, foi excelente a medonha visão daquelas senhoras de negro carregando glúteos tão saborosos como uma dupla de acepipes a autografar. Sim, o mero atestado euclidiano da luxúria literária invadindo paraísos imponderáveis, mais a glória de saber que, como na vertiginosa ilusão entre as hipotenusas da Verdade atual, só mesmo tendo pontos de vista tão fugidios.

Assim, e diante dessa prova insofismável de prestidigitação geométrica, enquanto por aí se vendem *jeans* que empinam a bunda, aqui, se oferecem tesouros que empinam a mente, só isso. Todavia, sempre atentos às papilas babantes por *Mil e uma noites*, quando a rotunda estupidez do Pentágono confunde até o polígono da Babilônia com o triângulo das Bermudas, aliás, excelente motivo para lembrarmos que os homens que dirigem aquele círculo de poder sejam de fato umas bestas quadradas.

Bom dia.

Grandes viagens através de pequenas bobagens

"Francamente, ainda que tenhamos de encarar a Verdade, será sempre melhor se isso ocorrer de modo indolor"

(lavra pessoal)

Hoje, para assombro dos tolos, espanto dos lânguidos decadentes, perplexidade dos burgueses domésticos e em prol da verdadeira reumanização da Arte, dedicarei o espaço dos miolos a pensar na coerente suavidade do Nada. Sim, para tanto e provido de ameaçadores coturnos emocionais, lembrarei a todos que, apesar de seu intrafegável raciocínio analítico, Ortega y Gasset freqüentemente se reportava ao homem de gênio como aquele com capacidade de inventar sua própria ocupação. Ora, como inventei a ocupação de ser eu mesmo — o que, repito, me torna inimitável —, insisto em advertir certos aventureiros sobre a total impossibilidade em fazê-lo, a menos que — é claro — façam como fiz na infância, ou seja, convidar Jacques Chirac, George Bush e Saddam Hussein para o mesmo jantar e depois, e só depois, após ordenar que se abata um javali ontológico para o ágape, relaxar como as antigas gelatinas Royal, pensar na heterogênea complexidade dialética das coisas vãs e só a seguir tentar suas façanhas.

Dito isso com total certeza e revendo a afável incombustibilidade do fato, retomo o assunto e vejo com clareza que não há nenhuma relevância em ficar aqui, semanalmente a postos, exibindo minhas gônadas filosóficas, sem que haja um efetivo retorno existencial de uso comum, isto é, sem que o gentil leitor participe e se beneficie desses pequeninos êxtases quintefeirinos. Portanto, interatividade completa, ou seja, a absoluta e radical certeza de saber que, apesar da estreiteza de raciocínio, a mediocridade caminha mesmo a passos largos.

Assim, inteirado das estrebarias literárias que infestam a Pátria, e de esta ser a única coluna jornalística do mercado a vir com *air bag*, experimento outra vez o raro prazer da polimorfia e, calado como um frade de pedra, fico simplesmente aqui, elevando cenografias imaginárias para que a Realidade se suavize, permaneça estanque do lado de fora e todos nós, ávidos de Fantasias, afinal, possamos desfilar axilas fumegantes e expormos a heróica sudorese das grandes sobrevivências. Contudo, ao mesmo tempo, mostrando às platéias ensandecidas a trágica e inútil obsolescência de certos fenômenos apregoados como verdadeiros. Enfim, só coisas profundas nos serão permitidas, porém, em tempo algum repetindo os crassos erros de Phillipe Cousteau, que passou a existência dizendo lutar por um lugar ao sol, todavia, vivendo para sempre à sombra do pai.

Eu sei, isso tudo pode parecer chocante aos neófitos, porém, num mundo tão absolutamente quadrado, como me furtar à satisfação de exibir outras formas que, por sua própria e mágica sinuosidade, não se contraponham aos quadriláteros sintomas da estupidez atual, hein? Tornando-a ovalóide, é claro! Até os renascentistas aposentados sabiam disso.

Dessa forma, revendo a segura maleabililidade do fato, conseguiremos fazer com que o cacarejo oficial se atenue, corruptos sejam ovacionados (literalmente) e os ângulos perfurocontusos da ignorância, abrandados. Daí, a absoluta necessidade de se enquadrar as massas numa fórmula oológica de requintes curvos, *scotchs* redondos e um óvalo definitivo opondo-se ao tédio retilíneo que aprisiona o saber coletivo.

Meu Deus, que fantástico! Mesmo humilde e a um passo da loucura total, ainda consigo discernir a verdadeira geometria surreal que orientará prosélitos pelas sendas da abstração descritiva. Pura clarividência sazodimensional, é lógico!

Portanto, ainda que não se distingam diferenças entre o *ab ovo*, de Horácio, o ilusionismo Hexaclorofeno de Colombo ou as extraordinárias jóias de Fabergé, o importante mesmo é saber que não se faz omelete sem quebrar ovos, nunca se esgrima a arte de refletir sem contar com os mesmos no cu da galinha e — principalmente — jamais se deve procurar falar tudo conseguindo dizer coisa alguma.

Bom dia.

A diligente espera pelos trens do Nada

"Afinal, os artistas não teriam nenhum deleite se lhes faltasse aplauso"

(lavra pessoal)

Incrível! No exato momento em que ligo esta máquina enlouquecida e vejo que o hímen testa a memória expandida, penso logo na falta de complacência e no estupro intelectual que sempre se praticou contra Orides Fontela, a poeta virgem, delirante e insípida que criou belezas complicadas, altercou-se com o mundo e, por fim, deixou-se morrer à míngua, sob as animicidas vitórias da mediocridade.

Porém, passados tempos de sua ida, começa novamente aquela coisa maldita do chamado "resgate vital do artista", isto é, resenhas enfadonhas, teses copiosas, biografias laudatórias e um panteão de pórfiro romeno erigido àquela que foi sempre colocada à margem. Então, o lucro parece geral. Ávidos editores, biógrafos solertes, críticos melífluos e um público estupidamente generoso prostram-se diante de sua obra já arrefecida e quieta. Impressionante como Procópio Ferreira acertara ao afirmar que a glória é necrófila. E isso acontece à maioria dos artistas: quando vivos, primeiro apodrecem no limbo das vastas indigências e dos grandes esquecimentos para, após defuntarem, serem incensados como heróis, trazendo caronas indecentes, proveito aos abutres e a chamada "complementação cultural" à Pátria, onde viveram miseravelmente exumando o belo, mas angariando migalhas para viver um pouco e criar o suficiente para respirar... Um horror de mesquinharias existenciais!

Típico, por exemplo, é o caso de Van Gogh, artista que, segundo Artaud, foi "suicidado" pela sociedade depois de amargar vidinha medonha de fome e penúria escrevendo cartas a Theo pedindo uns trocados mas empurrando tesouros para as ganâncias futuras. Porque é assim que funciona a coisa e parece não haver disposição alguma em se mudar nada, sobretudo na Sotheby's e na cabeça cretina de velhos rapineiros aculturados.

As parcas manifestações de solidariedade aos artistas sempre partiram de poucos iluminados, ainda que Mecenas tenha aberto a lista com pompas ao proteger Virgílio, Horácio, Propércio e um punhado de exímios pintores e escultores geniais. Como prêmio, seu nome tornou-se sinônimo de visão, despojamento e requinte intelectual, permanecendo escrito em letras de bronze sobre os anais da História.

Contudo, outro sábio que floresceu no sistema foi o grande Lourenço de Médicis, nobre que examinou a Florença renascentista e, vendo uma legião de talentos mesclando o substantivo às escassas moedas de então, também resolveu ajudá-los. adotando a Fenixologia como bom motivo para se manter eterno.

Hoje, todavia, optou-se pelo imediatismo como forma de perenizar a estultice de novos-ricos e flácidos decadentes que fenecem e morrem para sempre na patética obliterância de seus domínios. Nada mais justo. Afinal, como já advertira são Jerônimo, caixões não têm gavetas, e o próprio Andy Warhol, do alto de seu alpinismo social, já antevira os vazios 15 minutos de glória ofertados ao anonimato sombrio.

Portanto, sabendo dessas deprimências todas e procurando colocar-me a salvo da estupidez coletiva, divulgo aqui e agora a auspiciosa chance dada a pessoas sagazes de se perpetuar. Sim, para gáudio de expeditos e eternização dos espertos, anuncio que estão abertas inscrições para a compra de títulos da *SOCIEDADE AMIGOS DO TOLEDO* que, conforme rezam estatutos minuciosamente redigidos por mim, existirá para a minha própria manutenção. Então, não é regozijante esse generoso ato de abnegação altruística ao compartilhar universo tão exclusivo com outros, hein?

Simples! Anacreôntica, de utilidade pública e sem finalidades lucrativas, a despretensiosa, porém edificante agremiação visará com objetividade à fluidez do epicurismo galopante deste modesto autor e sua inquebrantável mania de bem-viver. Só isso.

Assim, e a preços módicos — não obstante pequeninos óbices da mobralesca insatisfação de alguns —, os privilegiados contribuintes desfrutarão *scotchs* notáveis em minha humilde companhia, bem como utilizar-se de benefícios futuros para distinguir a Verdade Ilusória da Mentira Civilizada e — o que é melhor — tornarem-se provectos bebês das provetas toledianas, porém, aptos a cair de joelhos, agradecer aos céus e, afinal, rangendo dentaduras feito castanholas, contar com a imortalidade, sentar-se numa cadeira austríaca e, finalmente, poder contar histórias interessantes a seus netos entediados. Não é fantástico?

Claro que a inovação mudará o conceito ético de certos funâmbulos regionais, todavia, se o laconismo intelectual persistir e a apatia oficial perdurar, terei de subir na mesa, ameaçar acender o charuto das grandes ocasiões e então, após expressar meu tédio pela atmosfera de mesmices avantajadas, aí sim, fazer um refil do uísque e causar um soberbo escândalo, ainda porque — como se sabe — me recuso a promover tempestades em copos d'água.

Bom dia.

O esplendor das perplexidades

"Senhor, fazei de mim o que quiserdes, exceto, é claro, privar-me de delirar"

(lavra pessoal)

Ainda que a textura cremosa do queijo Gruyère tenha menor viscosidade filosófica que a do Camembert, insisto na fermentada tese de que a psicologia nos tem legado verdadeiros expoentes de humanitária benemerência. Sobretudo na Suíça, onde igualmente se fabricam bombons e as melhores paisagens com vacas cenográficas. Notado o detalhe bovino-prestidigitatório, evoco a memória de Jean-François Coindet, o médico suíço que trocou a cretina roupinha tirolesa das *Oktoberfest* pela asséptica sisudez dos uniformes brancos e saiu a campo, tentando realizar um extraordinário programa de profilaxia contra o bócio. Dias depois, contudo, deprimido e alquebrado, deparou-se com tantos boçais que desistiu, passando só a implantar um eficaz programa da erradicação do cretinismo epidêmico e suas complicadas derivações diurnas, juntando ali a fome com a vontade de comer debaixo do mesmo e indigesto foco. Não é fantástica a sua obstinação pela utopia das voragens inatingíveis, hein? Afinal, como um cuco maluco e atirando na mesma direção, Claude Lévi-Strauss passou anos estruturando teses só para nos provar que índio quer apito.

E Theodore Simon, o psiquiatra de origem também helvética, que tentou medir a inteligência infantil e acabou absolutamente senil com a estupidez dos fedelhos, hum? Igualmente interessante isso para a nossa inesgotável coleção de inutilidades diárias, aonde só o heroísmo poderia levar a raça humana onde levou, ou seja, mais ou menos a lugar algum.

Como se sabe, tais pioneiros andavam às cegas não entendendo muito bem por que o mundo tornara chique o hábito de alguns enlouquecerem, irem para a Suíça, tomar quatro ou cinco choques no rabo, atulharem-se de chocolate maltado e depois, como se nada tivesse havido, voltarem para casa e serem outra vez considerados "saudáveis", o que — lógico — era sempre uma dedução ilusório-corporativista, anti-edgarpoeana e absolutamente flátulo-desastrosa, sobretudo para os circunstantes, que nada tinham a ver com a ensandecida nuance das virtudes locais.

Vide, por exemplo, o caso de Otto Binswanger, que tratou de Nietzsche durante meses e este, ao retornar à tutela matriarcal da avó, da tia, da mãe e da irmã, teve uma recaída tão profunda e os miolos afetados de tal forma que ensandeceu de vez, passando a preferir Bizet a Wagner, ovos de codorna a testículos de ganso e prometendo solenemente pentear os bigodes para trás quando ficasse careca. Enfim, patético e correndo o sério e doloroso risco de se tornar bizarro.

Apesar disso, de lá, restam mesmo as figuras de Honegger e Jung. O primeiro, sentindo-se carente e utilizado pelo outro, deixou uma obra erudita e foi a Viena para se matar à sombra de Freud. Agora, quanto a Jung, não há como não tirar o chapéu, mesmo que sob o próprio não haja coisa alguma. Sim, o velho e encantado bruxo de Zurique. O homem que abriu as comportas para a imaginação e tornou a chatice do cotidiano um pouco mais suave que a severidade e o ranço vitorianos que só iriam arrefecer-se com o lirismo das imagens inconscientes e o deletério sonho dos surreais. Coisa para iniciados, como bem provou Arthur Cravan, escritor, poeta e pugilista também suíço que deixou as amenidades queijeiras de Lausanne para se afogar de vez nas deprimências de um México zapatista.

Pensando nisso, impossível olvidar Hermann Rorschach, o pintor malogrado que se tornou alienista, viu-se no espelho, intuiu alucinações reflexas e inventou as pândegas charlatanices do *teste das manchas* com o solene nome de "Psicodiagnóstico", que não era outra coisa senão fazer com que o paciente borrasse um papel com tinta e, enquanto úmido, dobrasse-o, desdobrasse-o e, sob um terapeuta-pitonisa com feições casmurras e debaixo de suas meningíticas observações, o interpretasse, assim como fazia Jackson Pollock com suas porcarias malabarístico-redundantes a nova-iorquinos xaropes.

Assim, envolvido nisso como um Wilhelm Reich que pretendeu sanear loucuras através do orgasmo, também resolvi atuar, inventando o *psicodiagnóstico tolediano* (ou *intimate revelation test*). Claro, se alguém nascido na Turgóvia e não habituado a tantas escatologias sociais ideou o revolucionário método das tintas borradas, por que não poderia eu recriá-la aqui, com papel higiênico usado e dobrado, hein? Sim, além de excelente, muito mais fácil e democrático, meu teste se popularizará com a rapidez do raio.

É claro, além de poder-se efetuá-lo em qualquer banheiro, bastará nos inteirarmos da Realidade, desdobrá-lo isento de custos operacionais terapêuticos e então, sob um olho psicanalítico bradando "*Sim*" enquanto o outro obstinado nos dizendo "*Não*", naquele instante de espasmódicas revelações constatarmos estarrecidos que, afinal, além das tão perfumosas verdades habituais, nada nada mudou tanto em nossas vidas.

Bom dia.

Sob a revisão das heurecas

"Senão inútil, a sensatez da noite transforma tudo
tudo em mais ou menos nada"

(lavra pessoal)

Sabe-se: havendo outono ou não, para mantermos a outonomia completa a prudência aconselha: polir-se o nariz, aguçar neurônios, calçar luvas e — sobretudo — manter o equilíbrio. Sim, sem ele, seremos meros histriões perdidos num planeta idiota e totalmente à deriva. Portanto, a imperturbabilidade é tudo. Veja-se, por exemplo, o célebre caso de Charles Blondin, o maior acrobata do século XIX que se impôs, deixando a marca de sua inconfundível estabilidade física e mental ao atravessar sobre uma corda bamba as cataratas do Niágara. Maravilha! Não contente com a proeza, e diante da perplexidez de homens pálidos e damas que desmaiavam, teve ainda a delicadeza de, bem no meio do percurso, tirar dois ovos do bolso, quebrá-los, mexê-los, fazer uma omelete e comê-la, sob o delírio da platéia arfante. Isso sim é que chamo Verdadeiro Equilíbrio, se bem que, na semana seguinte, o grande homem tenha morrido ao despencar de um bonde...

Já aos seis anos de idade e em plena Montevidéu, o futuro conde de Lautréamont, como um gafanhoto uruguaio prestes a saber de tudo acerca das estabilidades ocasionais, perguntou ao mestre:

— O que é servil?

Como o professor houvesse entendido a pergunta como sendo "o que é ser vil?", começou a perseguir o menino por subversão, o que o levou diretamente a pensar que o rei Minos tivesse mesmo morrido de labirintite. Um absurdo!

Cito aqui a imponderabilidade dos casos porque, a mim, simplesmente exemplificam a idiotice que permeia o sistema. Sim, ao caótico contemporâneo, enquanto de um lado grassa a miséria estética absoluta com funâmbulos tentando equilibrar-se numa corda evolutiva cada vez mais prestes a roer, nos antípodas, vê-se o contrário: a mediocridade faustosa exposta com acintosa e arrogante fixidez, mostrando-nos o quanto a existência de cada um incomoda ao outro.

Ao mesmo tempo, magnetizados com os sombrios festejos balano-prepuciais antevistos por Karen Horney em seu *A inveja do pênis*, um casal deixou-se fotografar com olhares bovinos sobre um rebento que simbolizava o bilionésimo sexto habitante do planeta. Meu Deus! O que, afinal, quer essa gente toda? Difícil compreender as ansiedades do ser numa comunidade tão globalizantemente ratificável que se subordina a cretinas reedições de si mesma, confunde prelos com proles e ratifica seu incontrolável desejo de se repetir.

Assim, estranho que Ele tenha ordenado: "Crescei e multiplicai-vos", sabendo perfeitamente que isso seria um horror e não traria benefício algum à Arte, principalmente a de viver. Todavia, como a palavra divina também parece manipulada pelos meios de produção, o que interpretar no que Jeová quis dizer com seu "Eu sou o Alfa e o Ômega", senão um ilusório merchandising da indústria automobilística, hein?

Impossível compreender e distinguir entre sagrado e profano o que vale mais. Há décadas, quando lia Marcuse, acreditava que os bidês servissem para lavar os óculos e que Deus possuísse uma barba radical-socialista para assustar garçons, imaginando que o futuro seria belo, os ponteiros do relógio fossem parar, enferrujar, depois apodrecer e, por fim, simplesmente cair, estagnando a crueldade inerente ao tempo e fazendo com que se enxergasse o prazer de existir até mesmo quando acabasse o gelo.

Mas não foi assim. Como se viu, levaram ao pé da letra as tolices da Lógica e, agora, bilhões de bípedes claudicam, ébrios, tentando sustentar-se sobre suas próprias dejeções existenciais.

Portanto, não vejo por que me ufanar com a insensatez que se pratica mas, sim, equilibrar-me na corda patativa em que caminho e, quem sabe, a exemplo do grande Blondin, consegui-lo. Não de manhã e sobre cataratas, é claro, o que seria oftalmologicamente desaconselhável. Muito menos mascando ovos nas alturas, o que me parece excessivo e perigosamente insalubre, conforme nos mostrou Achille Zavatta, o grande palhaço do Cirque d'Hiver, de Paris, que, após entupir-se de gemada, desesperançado com a tibiez dos perônios, arriou a bandeira e explodiu os miolos.

Não, não... o que pretendo mesmo é bem mais simples e vai muito mais além. Não só impedir que as virtudes da noite vazem para os horrores do dia mas — e sobretudo — apanhar o chicote filosófico e, enquanto idiotas permanecem em cena vociferando asneiras, ficar ali, nas coxias sombrias, a zurzir coerências e só então, quando tudo se aquietar, o sol surgir e os tambores voltarem a rufar, aí sim: num extraordinário *Grand-jeté* toledIano, pular em cena e, defronte à platéia ensandecida, executar cabriolas, lembrar o ocaso do bufão francês e afinal, com o peito inflado de branduras, exibir-lhes o inefável das belezas secretas, porém, evitando sempre confundir os mirrados tendões-de-aquiles com os generosos pendões da Esperança.

Bom dia.

Escapulários da astúcia

"Não confundais a rapidez das bandas largas com a estupidez dos bundas-moles"

(lavra pessoal)

De fato, é uma dádiva saber-se existindo sob as benesses da biotecnologia e, de repente, ao abrir-se o jornal, dar de cara com o futuro e concluir que os pretéritos não passam mesmo de meras favas contadas.

Falando nisso, leio que zelosos pesquisadores americanos acabam de clonar um burro. Não é fantástico? Sim, poderiam tê-lo feito com um esquilo, uma marmota ou, quem sabe, um gambá. Mas não! A megalomania americana teve de pegar tal heureca e criar a figura emblematicamente grandiosa do Partido Democrático só para atiçar seu próprio antípoda partidário, hoje representado pelo czar do Orbe que, aliás, se identifica por inteiro com aquele flamejante e alegre quadrúpede. Interessante, não?

Afinal, pergunta-se: o que querem dizer os americanos atirando-nos assim o porvir de tantas farturas? Com isso e detestando fatos pessoais, confesso que, apesar de haver aprendido as primeiras letras em Winchestershire, os molhos de meu inglês não conseguem decifrar tudo aquilo.

Diferentes, portanto, do rabino Henry Sobel que, estando aqui no Brasil há somente quatro décadas, já fala naturalmente como qualquer caboclo, esgrimindo uma pronúncia tão castiça que o próprio Guimarães enrubesceria.

Destarte (adoro esse advérbio: lembra-me em tudo Castro Alves no cursinho de admissão), nota-se a questão semântica, semiótica e — sobretudo — paleoidiótica das relações humanas e os decisivos fatores de inibição da Euforia.

Assim, fascinante saber que o Homem só tenha sido feliz no período Neolítico e verificar que, apesar das globalizações e do tolo universo atual enxergado através de seus óculos anamórficos, a humanidade tenha se degenerado tanto. Biólogos, antropólogos e etnólogos saem então na disparada em busca de argumentos que justifiquem esse comportamento, através do qual contrariam as idéias evolucionistas e colocam o próprio Darwin em posição desigual. Não que o macaco continue vilipendiado com tantas e tão pífias pretensões humanas, mas, sobretudo, pela atitude pseudológica com que se pretende classificá-las em erudição.

E o Brasil de Gil não ficaria fora desse minucioso exame vasecto-quintafeirino. Sim, como deixar de lado um país tropical tão cheio de carnavais atléticos e sambistas articulados num instante dramático, quando índios se matam para protestar até sobre a má qualidade dos detefons, hein?

Pensando nisso, lembro-me de Lévi-Strauss, o pensador francês para quem a humanidade se dividia em dois tipos: de um lado, a totalidade dos homens. Do outro, ele, Lévi-Strauss sozinho, o gênio que criaria o estruturalismo e faria o burgo universal matutar sobre o milagre de inventar sistemas pensantes e excelentes calças de brim.

Ciente disso, conforto-me nas volutas da fumaça emanada por charutos não vindos do Quartier Latin mas, sim, do universo onírico e tropical onde coisas (embora corrompidas pelo ufanismo) aconteçam mesmo, não ocultadas sob as bobagens do Collège de France, o estéril valhacouto militante das utopias afins.

Portanto, logo que intuí esse maciço e desconcertante balbucio intelectual praticado por tropicalistas inquestionáveis, parti imediatamente para a Bélgica e lá, cercado por magníficas pinturas de Brüeghel, Magritte e Delvaux, mais uma miríade de estátuas eqüestres de Leopoldo I, II e III, resolvi-me pelo turismo histórico-prestidigitatório. Sim, primeiro, bruxulear em Bruxelas, depois, ficar em Antuérpia para idéias brilhantes; em seguida, sair ventando para Flandres a evitar ferrugens e, depois — o mais importante —, comprar regalos em Brabante e constatar que, apesar do nome, ser aquele um local dificílimo de se fazer pacotes. E isso só para confirmar teorias de que o Zaire se encontra muito melhor agora que enquanto Congo Belga, quando então o colonialismo europeu obrigava aborígines a fabricar águas tônicas de marfim e damas enchapeladas exigiam que nativos se ajoelhassem e passassem a grama de seus campos de críquete com ferros de engomar. Puro Kafka dominical.

E ali, na ideal cosmopolitice dos pequenos ranços, pensei nos grandes do estruturalismo, como Saussure, Barthes, Foucault, Lacan e, sobretudo, Lévi-Strauss, para quem as índias brasileiras tinham peitos caídos e o ambiente acadêmico cheirava a colostro disforme. Fantástico o seu olhar oftálmico-esterelizante sobre aquele universo mamográfico tão singular.

Assim, após exumar a questão das desigualdades tidas como exotismo, passo a entender melhor os fenômenos do burro americano e da Tropicália Nacional. Não como gentalha dos trópicos ou mera legião de canalhas, conforme nos fizeram ver os comedidos homens do saber eterno, mas, sim, como abençoada região onde se tropica à vontade e até mesmo um equilibrado ministro claudique um pouco, exibindo-nos tropicões de tão exuberante beleza em sua santa hora de rebusnar.

Bom dia.

Zotismos e uma reflexão sobre o Nada

"Prudente lembrar: mesmo sob sol escaldante, o Saara continua sendo o lugar ideal para pensamentos sombrios"

(lavra pessoal)

Incrível! Descobriu-se agora, numa tentativa de clonar macacos, que "copiar" seres humanos é muito mais difícil do que parecia. Bobagem. Depois que Dolly foi incinerada e americanos ameaçam clonar um burro, fica tudo claro que o evasionismo estético-filosófico persegue o homem, fazendo-o dar voltas em torno da própria estupidez procurando o seu duo trevoso.

Portanto, e deixando de lado maquiavelismos, desembainho o flamejante sabre das velhas emoções e, com o ardor que trago no peito, um pouco da Arte que sei, mais a linguagem clara e direta com que sempre me exprimo aqui, dedico-me exclusivamente a meditar. Sim, entregar-me em oposição à natureza abdominoescrotal da Realidade insidiosa. E então, fico só ali, na humildade de meu Valhalla, com livros, uísques, charutos, Arte e — é claro — a intumescência sempre presente da memória vivaz.

Portanto, fascinante lembrar-se de quinquilharias emocionais. Por exemplo, quando em total abandono filosófico, ponho-me a recordar fatos ocorridos há muito, envolvendo-me em imagens brotadas do remoto e, então, baixa a sedutora sensação vivida por Byron ao ingressar na noite, onde me torno muito mais volátil pela aura byroniana que sorvo que pelos textos voadores que escrevo. Difícil explicar, sobretudo quando estou com miolos em disponibilidade e as imagens apenas vêm vindo, assim, aos borbotões e, de pronto, sinto saudades até dos tempos de Lafayette.

Com isso, absolutamente exausto, acabo de saber que uma equipe de pesquisadores encontrou a múmia de três adolescentes nos Andes argentinos. Bobagens, isso se pode ver a toda hora nas portas de qualquer *shopping center*. Pois é. Acostumada aos embustes da ciência, a mídia aquece a imaginação dos leigos com alardes só para provar a si — e aos outros — que, como herdeiros da civilização, dispomos de recursos intelectuais para fazer analogias com nossa própria e procumbente existência pretérita. Favas contadas.

Pensando nisso, ocorre-me que expeditos paleontólogos juraram haver descoberto na Paraíba um rico sítio de fósseis de dinossauros. Intrigante, não? Contudo, não chegou a me abalar em definitivo. Já soube de coisas muito mais interessantes e menos jurássicas acontecidas ali.

Porém, agora, uma dupla de antropólogos exumou na África um fóssil humanóide com 18 milhões de anos. Meu Deus, que formidável! Entretanto, ainda acho entediante. Não sei se o fastio provém da absoluta convicção de que o passado remoto sirva apenas para dissimular a repulsa do cotidiano insidioso, ou se é precisamente uma questão de exacerbada vaidade acadêmico-malabarista. O que sei — além de notar que Ferreira Gullar está ficando cada vez mais parecido com vovó — é que a acintosa curiosidade científica não nos serve para coisa alguma, a não ser — é lógico — exibir a perplexidade que o homem demonstra por sua angustiante, obsoleta e metamórfica mudança de quadrúpede transformando-se em bípede, e em seguida, desdobrando-se de animal silvestre em racional-eqüestre. Pura epistemologia do inútil.

De forma ou de outra, o que importa é a carga de ilusão a que nos dispomos aceitar lendo tais fatos e constatar, de uma vez por todas, que esse elenco de pistas deixado na pré-história é absolutamente estéril a qualquer tentativa de adotar darwinismos. Especialmente para nos consolarmos sobre nosso extraordinário — e obtuso — poder morfológico.

De minha parte, reservo raros momentos de ócio observando um caracol escocês. É fascinante! A cada instante, vejo nele as grandes constatações da conversibilidade da natureza transformando inofensivos moluscos solúveis em *Homo erectus* concretos — e vice-versa. Fantástico! Sim, como isso ocorre, não sei nem me importo, ficando simplesmente ali, a observá-los em suas caracolescas, gastrópodes e intestinais atividades de executar o óbvio, ou seja, realizar aquilo tudo que o papa Alexandre VI chamava de "exeqüível exatidão escatológica" e que a mera existência de seu filho, César Bórgia, provava estar dizendo a mais absoluta verdade.

Contudo, no fim, vê-se que nada disso parece importar, restando só o pasmo uno e indivisível que sempre fluiu a cada tentativa de mostrá-lo como seqüência lógica de seu passado viscoso, rastejante, ou semidivino, provido simplesmente de miolos não-comestíveis. Impossível observar o fenômeno e achá-lo concludente pela estereotipada visão surreal.

Assim, não obstante note reflexos melancólicos na atitude simiesca do que aí está, satisfaço-me como Jung, psicanalisando caracóis e vendo neles toda a nossa ancestralidade, sobretudo sabendo que efusões sentimentalóides não servem para filosofar e, claro, que o destino humano é o de encaracolar-se cada vez mais sobre suas próprias teses tão plenas de caracolices.

Bom dia.

Sobre as delícias do equilíbrio mental

"O que há de mais espantoso no raciocínio é que ele não serve mesmo pra nada"

(lavra pessoal)

Não se sabe ao certo o motivo, porém, e por razões que desconheço, parece que Tertuliano, o escritor latino, apreciava mesmo tertúlias. Sim, sendo esse seu maior entretenimento, ficava horas ali, mudo como um frade de pedra, só ouvindo as tertuliosas puerilidades ditas na velha Cartago. E, atento, utilizava as conversas com as quais se banhava para, depois, delas extrair o sumo de suas obras profundas, absolutas, mas sombrias e extremamente entediantes.

Pois bem, ex-apaixonado por prazeres mundanos, era de se esperar que alguém com aquele perfil dissesse algo espirituoso, mas não ele, que ditirambicamente ético, logo se iniciou em experiências ascéticas e se tornou um tolo, portanto, o oposto de Petrônio, que, por sua graça, perspicácia e bom humor, ficara conhecido pela alcunha de "*arbiter elegantiae*", enquanto seu póstero primava em continuar sendo o insalubre "*arbiter execrandus*", o homenzinho para quem fetichizar sua Summerhill particular ou besteiras futuras pronunciadas por Alex Neill era questão de honra. Em *Adversus Marcionem*, por exemplo, atacou gnósticos, neoplatônicos, liberais e progressistas. Até aí, compreende-se-lhe o fanatismo, entretanto, a seguir, no *De virginibus velandis*, chega a obrigar as próprias virgens a usarem véus nos ritos místicos, hábito a que — é lógico — se aderiu com dificuldade, dando-se início às grandes perseguições ginecológicas da Antiguidade. Todavia, em *De palio*, atingiu o cúmulo da sensatez ao investir contra o inconsútil manto dos filósofos! Aí, sim, tornou-se insuportável. E, enraivecida, a História lhe ofereceu os ovos podres de costume.

Também, pudera, num mundo ignaro e ainda sem camisinhas emocionais, mexer com algo tão importante quanto a capa daqueles sábios não poderia levá-lo a outro final que não o da ovação, literalmente falando, bem entendido. Entre o manto da hipocrisia e continuar vendo hirsutos e andrajosos eruditos pronunciando hermetismos, a humanidade não pestanejou, ficando com os segundos e abominando o outro, o que nos prova haver ainda algum bom senso até mesmo na estupidez coletiva.

Eu sei e é de conhecimento geral: quando se fala em Tertuliano ou Petrônio, um frêmito natural se manifesta e o leitor comum pergunta-se por que, afinal, gastar-se algum tempo para lembrá-los, hein? Simples! Entre a neurótica intransigência de um e a sadia vivacidade do outro, melhor mesmo é ficar com as orgias contemporâneas, em que o algo e o nada se coagulam e se fundem para criar o caos generalizado das chamadas benesses supremas da atualidade. Não é fantástico?

Por exemplo, se, investido da mais pura verdade e um certo sentimento confessional, eu disser que já fui chamado de "tratado", poucos se darão conta da dramaticidade histórica do fato. Todavia, aconteceu. Sim, foi quando estive da última vez em Tordesilhas, onde, como único paciente, fiquei vários anos em tratamento, pois fraturei o escafóide e, a exemplo dos imperadores bizantinos Tarso e Metatarso, desequilibrei-me física e mentalmente. De volta, ao desembarcar, sequiosa, a imprensa esqueceu meu nome, escafedeu-se e fiquei conhecido simplesmente como "o tratado de Tordesilhas". E aí, que fazer? Melhor isso do que o trágico destino daquela amiga, que ingressou na História como "A louca de Chaillot", embora tenha sempre morado em Massy, Paleseau. O que nos leva imediatamente a concluir tratar-se de mais uma idiotice semiolingüística pronunciada pelo mau hábito do povo de só usar a cabeça para separar as orelhas.

Então, e só então, compreender-se-á a importância do manto que Tertuliano tanto quis abolir. Sob aquela capa filosófica, Sócrates possuía a genialidade de pronunciar frases assim: "Loucura ser fava que decida a escolha de um magistrado, quando não é a sorte que decide quem governa um navio". Maravilha! Nem o próprio Lula conseguiria um feito tão grande. E, ao dizer aquilo tudo com socrática pomposidade, o filósofo, que foi o mestre de si mesmo, espiava interlocutores atenienses bem no interior das pupilas e, de acordo com o grau de perplexidade com que era ouvido, tinha um pequenino orgasmo, cuja magnitude registrava num gráfico existencial que só ele compreendia. Mistério total e sobre o qual os sistemas todos se depositam hoje, particularmente os políticos.

Assim, apesar da hostilidade de retóricos, sofistas e moralistas profissionais que o apontaram corruptor da juventude, levando-o à morte, confesso que em árduas jornadas arqueológicas encontrei aquele tesouro "orgástico-filosófico" com o qual regulo meu atual equilíbrio, contudo, prometendo jamais abrir mão das delícias de Sousas por Atenas, Diane por Xantipa e — é claro — do bom uísque pela má cicuta.

Bom dia.

Dois uísques em Cafarnaum

"Lembrai-vos: a lucidez exibida no aconchego do lar,
geralmente teve início nas agruras do bar"

(lavra pessoal)

Embora inteirado de que a maioria dos homens gaste a primeira parte de suas vidas para tornar miserável a segunda, não desisto e persisto, utilizando-me de mágicos recursos para reabilitá-la do caos existencial em que se meteu. Eu sei, árdua, a tarefa parece digna de malabarismos. Todavia, como me acho predestinado para tal encargo, não ligo, banhando-me na piedosa luminosidade dos santos humildes e virgens prudentes.

Assim, a seguir, totalmente possuído de benéficas intenções, visto o *qaftan* marroquino que Diane me trouxe de Tan-tan, calço sandálias de pescador, coloco sobre a cabeça a auréola de latão polido que adquiri no Marché des puces, de Paris, e então, imbuído de sentimentos anacoréticos e ideais enobrecedores, saio por aí, deambulando em busca dos arfantes sinais que ainda restam da Verdade. E, convenhamos, essas revelações de puro ascetismo tolediano acabam sempre por exibir certos *flashes* da realidade que só aos iniciados é permitido vislumbrar. Sim, trajado sob camumbêmbicos aparatos e influenciado por venéreas obsessões, ponho-me a caminho da História, onde a perplexidade é parceira e o amado leitor — travestido de ilusórios propósitos neoliberalizantes — torna-se o cúmplice secreto de tantas experiências místicas que me vão surgindo, assim, aos borbotões, minuto a minuto, semana a semana, mas todos plenos do mais puro êxtase...

Dessa forma, palmilhando caminhos quase sempre tortuosos, vem-me a extraordinária sensação de poder narrar alguns feitos que, talvez, ficassem absolutamente relegados ao Nada, exclusividade esta que me leva a ostentar a aparente insolência de franzir o cenho, apontar o dedo bossa metralhadora giratória, inflar pulmões e perguntar a todos:

— Quem daí esteve no batizado de Elvira Pagã, hein?

E, diante do pasmo e do sepulcral silêncio da platéia, poder afirmar com serena humildade que só eu estive ali, desassombrado, ungido e heróico, em meio a tantos ofídios rastejantes e lagartos sediciosos que integravam o exotismo cenográfico de então e que agora, ondulantes e corrompidos por suas próprias peçonhas, acabaram mesmo se dedicando à política nacional. Não é interessante?

Essa camaleônica primazia filosófica, como se sabe, equilibra neurônios desgovernados, trazendo-me sempre o sábio e ameaçador axioma "*Penis erectum non habit conscientia*", sob o qual Salomão procurou advertir o povo com sua eclética erudição, explicando-lhe certos métodos anticoncepcionais que ficassem restritos, por exemplo, à simples sodomia, e não à insensata prática de atulhar o orbe com uma legião de cretinos risonhos, o que, por sinal, parece ter sido o furor da temporada.

Pensando nisso, há dias, resolvi exilar-me no deserto para meditar um pouco e acabei na Galiléia, onde os peritos invariavelmente se reúnem para se exercitar. E lá, caminhando sob tensão inclemente e admirando os tons que tingem o céu da região, acabei chegando a Cafarnaum, o impressionante local onde Ele esteve com apóstolos, curou o criado mudo do centurião loquaz, a sogra de Pedro que se fez pedra e pronunciou comoventes sermões. Sim, ali foi por algum tempo a casa dos seus portentos e o provisório valhacouto geográfico deste escravo da imaginação que, enfim, só ansiava por um pouco de harmonia para refletir a insensatez das gentes e, é claro, molhar o bico antes de sair por aí, clamando no deserto.

Porém, nem mesmo naquelas sacrossantas paragens pude obter a paz almejada. Vociferante, a sogra de Pedro, além de restabelecida, resolveu tornar-se imortal e, com isso, imortalizar também suas coléricas imprecações e fúteis lamúrias pelo genro haver defuntado há dois mil anos, deixando-a em total abandono pela cidade. Que fazer? Afinal, milagres defeituosos também acontecem, como, aliás, se pode notar através dos alucinantes depoimentos de Anakleto II, no capítulo XXXIX das *Atas*, do Concílio de Latrão.

Assim, sabendo que com um único pão Ele conseguiu alimentar cinco mil pessoas, também disposto a realizar prodígios, entrei resoluto na taberna, expulsei fariseus sob admiráveis bengaladas e, como visionário supremo mas prestes a ingressar na *História dos grandes milagres*, evoquei os furores de Santa Rita do Passa Quatro, convoquei três garçons para checar a veracidade do *scotch* e, então, no mais puro aramaico e diante do insólito, prometi-lhes gorjeta em dobro, porém — é lógico —, sob a severa condição de contarem a todos sobre meus dois uísques em Cafarnaum.

Bom dia.

Sobre os prazeres experimentais

"A Verdade de hoje é prova cabal de que não se fazem mais mentiras como antigamente"

(lavra pessoal)

Como se sabe, trabalho muito. Então, voltado a Deus, com olhos no garçom e sob um frenético clima de operosidade, sou involuntária e misteriosamente levado de encontro ao insólito que açoita platéias com o frenesi de seus gestos. Sabendo disso, há dias, ouvi a amiga contar que se sentia ótima depois do que vinha fazendo duas vezes por semana. Indagado o que era, respondeu que enchia um copo com água, colocava-o ao lado do divã, deitava-se nele, e então, de forma catártica e compulsiva, solitária com aquele estúpido líquido cujo nome não ouso repetir, falava horas sobre si mesma. Maravilha! Com isso — dizia —, havia substituído a análise freudiana pela hidroterapia. Não é notável? Sim, a inventividade humana chega a ser comovente, levando-nos todos às lágrimas da comiseração e a ponderar delícias existenciais.

Portanto, é chegada a hora de concordarmos: apesar de criativa, a realidade continua insossa e os bricabraques materialistas, intoleráveis. E, ainda que Malbrouke nos tenha tentado mostrar como atingir o *Real* através da fé, insisto em que tais panacéias fiquem por conta de sacis filosóficos e seus admiráveis busca-pés, urdidos pelo próprio Dr. Scholl que, é notório, jamais enfiou as mãos pelos pés.

Todavia, afirmo isso tudo com tal convicção que me é estranho ponderar realidades sem maciças e balsâmicas doses do elixir tolediano. Desse modo, utilizando-o como orientador à aparente causa formal de refletir cotidianos defumados pelo senso crítico (que alguns ainda imaginam possuir), simplesmente altero situações, colocando-as a meu bel-prazer, assim como fazia Lucrécia Bórgia em seus jantares, isto é, abrindo vidros de tempero e substituindo inocentes condimentos por maquiavélicas peçonhas. Simples! Por que então apelar para a metafísica? Só para provar se o bojo do sutiã, afinal, é côncavo ou convexo, hein? Tudo ponto de vista dos mamilos, é lógico!

Por exemplo, quando observo o coro de supina arrogância que se exibe vez por outra abjurando tais assertivas, lembro-me de Breton, para quem todo crítico que se negue admitir a possibilidade do cavalo galopar num tomate é um idiota. Corretíssimo!

Não fosse essa inacreditável clarividência interior, não haveria como manter o alienante otimismo surreal, a não ser, claro, gerindo universos com o negror pessimista de um Artaud, sob cujas papilas sediciosas ninguém jamais escreveu, pintou, esculpiu, modelou, construiu ou inventou coisa alguma que não fosse para sair dos infernos. Visto dessa forma, o ato de pensar passa a ter a mesma ambivalência que a manteiga tinha para Marlon Brando no filme *Último tango em Paris*: de manhã, para passar no pão. À noite, para empalar suas vítimas sorridentes. Primor de sabedoria!

Não fosse o óbice da fosfenomática agilidade verbal e essa prodigiosa flexibilidade de raciocínio erótico-redundante para interpretar o Saber, alguns artistas ainda estariam agitando turbulentos pincéis para criar uma arte tão-somente parietal, exibindo homúnculos correndo atrás de bisões desarvorados ou esculpindo a deprimência sexual das vênus de Willendorf com sua exuberante esteatopigia simbolizando o belo.

Por isso — e só por isso — o silogismo *Cogito, ergo sum*, de Descartes, não serve para nada. Os atos de pensar e existir me parecem absolutamente opostos e só se vislumbram às vezes pela hemiplégica generosidade dos vasos comunicantes. Sim, ao observar a utilidade dada ao real, nada mais sobra que não a irrisória atitude de correr à margem e não me expor sob o perigo de sanidades que atulham um orbe com seis bilhões de cretinos a choramingar por quireras.

Há pouco, suspenso sobre o telhado, li a notícia do coveiro que foi preso, o que, aliás, já é um primor de criatividade. Pois bem, o próprio desenterrava ossadas do cemitério e as moía, vendendo o farelo para um couveiro, que se utilizava daquele fertilizante humano como adubo para sua pequena horta de couves. Fantástico! Nem Hamlet, segurando nas mãos o crânio de Yorick, ex-bobo da corte da Dinamarca, teve chance igual para pensar nas utilitárias precariedades da vida.

Logo, a simbiótica perfeição da dupla coveiro/ couveiro pelo que restou da matéria é assombrosa, mostrando-nos que as aparências de fato enganam. Claro! Onde se vê um couval, pode haver uma morgue e vice-versa, se é que me entendem. Portanto, há que se pensar no evento da morte com a mesma cadavérica displicência com que os mortos pensam no advento da vida: jocosidade total, e não abstrações metafisicamente inúteis acerca da realidade ilusória.

Assim, e só assim, a fenomenologia será assimilada como as couves-flores, o "cogito" de Descartes descartado como filosofia corrente e, afinal, a temporada de existir estará reaberta, sobretudo ao pseudo-erudito, que meterá a física onde bem desejar.

Bom dia.

Trestampando o intrestampável

"Inútil colocar em dia aquilo tudo que se criou à noite"

(lavra pessoal)

Hoje, para assombro dos flácidos decadentes e confirmando que as árvores crescem somente por não ter nada mais a fazer, reporto parte interessante da pesquisa histórica de certas situações examinadas à luz do que se pode chamar com certeza de... *Diário espantoso*. Digo isso em conforto e, mesmo sem necessidade de preservativos filosóficos, reclamo o uso de uma boa e bem cuidada hemeroteca que, como se sabe, é aquela extraordinária coleção de recortes abarrotada de insetos famintos e sobre assuntos ditos "relevantes" e fatos perdidos na amplidão de um passado provavelmente remoto e inútil.

Assim, se examinada com prudência, juízo e certa diarréia emotiva, poderemos refazer uma avaliação do feito histórico pretérito, ranger os dentes como a irrisória caveira de Lycurgo III, o mal-assombrado e, finalmente, poder sentar à mesa do bar para degustar a Escócia e convencer a todos sobre nossa enlouquecedora e superadjetivosa erudição. Simples!

Então, munidos de potentes, diligentes, minudentes e anamórficas lupas inquiritórias, carradas de paciência, impressionantes drogas antialérgicas e espírito investigativo digno de Hercule Poirot, imaginarmos os ávidos pesquisadores do futuro examinando a inópia contemporânea e a estúpida transitoriedade atual. Não é apetitoso imaginá-los todos ali, a contabilizar besteiras? Sim, sim, sim... Maravilha!

E lá, diante de toneladas de papel velho e uma infinidade de lepidópteros vorazes, o que tais investigadores verão sobre nosso dia-a-dia, hein? Genocídios, homicídios, suicídios, uxoricídios, infanticídios, matricídios, parricídios, magnicídios, inseticídios, espermaticídios, novaiorquicídios... Enfim, Dostoievski puro!

Muito mais interessante que xeretar essas excretâncias do passado é, todavia, ficar na penumbra fumacenta, com um bom uísque e adivinhando a magia, o simulacro dos compêndios históricos, não do que aconteceu de fato, mas... do que poderia ter havido ali.

Imagine-se, por exemplo, que Lady Godiva, a mulher do rei, não fosse aquela bondosa e exibicionista dama anglo-saxônica que saiu pelada sobre um cavalo (também em pêlo) para atenuar os impostos da população de Coventry do século XI. Não, não! Observando com acuidade surreal, notaremos que, na verdade, poderia tratar-se de Lady Goodyear, uma xiita adiposa qualquer, com delicados pneuzinhos na cintura e imensas quantidades de ar no interior do crânio. Sim, estaria ali, peladinha sobre o eqüino claudicante a desfilar sua nudez em prol dos "sem-troco" da época ou qualquer desses troços malucos que se praticam de tempos em tempos. Só isso. Fantástico, não?

Como vêem, autoforjicada, a História se mostra muito mais interessante... E nessa mesma linha alegórico-escatológica, pode-se imaginar algo de mais sublime? No teatro da Comédie-

Française, Sarah Bernhardt interrompendo o espetáculo (uma peça de Sardou, é claro) e, diante do assombro da platéia emudecida, mandar o contra-regra à farmácia para lhe comprar absorventes. Não seria sensacional? Pois é.

E imaginar o enxadrista russo Gary Kasparov em sua penuriosa infância no Azerbaijão sendo preso ao furtar um bispo e acabando levado ao xadrez? Não seria uma história de vida formidável? Como deixar de vibrar com essas insólitas possibilidades? E Frederico Barbarroxa saltando do século XII diretamente para o carnaval carioca e se fantasiando de Clóvis Bornay, então? Isso não nos traria uma dignidade extracurricular trópico-redundante muito maior ao charme patriótico tão carente, hum?

Assim — afligido por anacreônticas convicções e com a ajuda do gentil leitor —, pergunto: afinal, como deve ser interpretada a verdadeira História, se é que isso tudo não seria urdido só por minha fecunda e elástica imaginação tão encharcada pelo *Opus maccaronicum*, de Teofilo Folengo?

Devemos, pois, acreditar nos documentos que nos são legados, ou fazer como Jung, deixando que as imagens oníricas se mesclem à Realidade para serem criadas e recriadas e outra vez recontadas com requintes quase sadomasoquistas?

Eu sei, isso tudo parece um inesperado ônus à posteridade sequiosa por instantâneos da Verdade. Porém, por já ser tão conhecida e enfadonha, por que não subir as calças do Sonho e, como quem tenha obrado algo grandiloqüente, fingir olhares heróicos, dar um tchauzinho, apertar discretamente o botão e, meio sem querer, refazer toda essa beleza diária que vivemos em algo cenograficamente límpido, assumindo a insensatez e disfarçar os atavismos rebarbativos, hein? Afinal, como já previu o filósofo estóico Stertínius: "Fora do estoicismo não há sabedoria e todos são doidos, exceto nós".

Portanto, não nos importemos com a vil realidade de valores duvidosos, sobretudo nesse instante supremo, quando só abro a boca para falar em arroubos e algum paranóico já logo pensa em chamar a polícia.

Bom dia.

La verdad sospechosa

"Mais vale um pássaro na mão que bois voando"

(lavra pessoal)

Como jamais escondo algo do gentil leitor, antes de me embrenhar nesses fatos imponderáveis aqui sempre narrados com sangue, suor e bons uísques, confesso-lhes hoje uma pequena, quase insignificante, porém notável, ressaca existencial. Sim, como se sabe e fora fartamente divulgado pelas ondas do vento, foi ontem a festividade de entrega da *Ordem do Mérito Surreal*, quando então um punhado de intelectuais que se supunha soterrado sob a vulgaridade contemporânea aqui esteve para comemorar.

Maravilha! Há anos não me entretinha tanto. Assim, paramentado com a impressionante roupinha de Floriano Peixoto, recebi-os um a um, distribuindo-lhes exemplares autografados do livro *Vida, paixão e morte de William Fourneaux*, a obra mais profunda que se escreveu nos últimos tempos e sobre a qual se estabereceram grandes polêmicas para se decidir se o perspectivismo de Nietzsche poderia ser resumido na famosa frase: "Não existem fatos, só interpretações", ainda porque se sabe que a hermenêutica é meramente ilusória, mesmo quando não inteiramente provinda de virtudes intestinais.

Pois foi através desses périplos que lhes compus hoje esta singela crônica em alguns parágrafos, mas que pode ser lida de 32 maneiras diferentes.

Dito isso e após segredar-lhes um pouco — mas só um pouco — daqueles momentos tão edificantes, devo conter-me, todavia, tendo sempre em mente que não há vergonha em se ter pudor e ser feliz. Por isso, vivenciando tais alegrias, conto agora que, há dias, despi todas as roupas do corpo e pus-me a caminhar pelos campos, assim como não fazia desde que Hilda se foi.

Tarde sufocante aquela, quando sinto sedes árabes e atávicas, só igualadas à chegada do carregamento escocês. Afinal, é a descontraída libertinagem da Natureza a me arrebatar por inteiro, sobretudo pelo palato...

Assim, mergulhado entre odores selvagens e absorvido pela sinfonia de alguns coleópteros, abri olhos de contemplativo mais um coração darwiniano para o esplendor daquele universo e lá, então, compreendi aquilo a que se chama *GLÓRIA*: o inalienável direito de amar sem medidas a magia do desconhecido.

Como se sabe, há um único amor neste mundo. Para compreendê-lo, é preciso certa iniciação surreal. No passado, santo Agostinho e Rousseau tinham dito o mesmo, todavia, acabaram chamados de mentirosos. Que fazer?

Mas, voltando ao caso, estava ali, nu, a pensar nesse tema tão sublime quando, de súbito, notei certa agitação na folhagem de uma figueira que dominava a colina. Cheio de curiosidade, parei à sombra da árvore para investigar o que se passava em sua copa e... *MEU DEUS*!

Foi então que as vi! Tranqüilas, com o ar mais despreocupado, três vacas, com as pernas cruzadas, balançando sincopadamente os pezinhos, dedicavam-se ao afã colorido de tecer seu tricô. E só!

É verdade, fiquei até constrangido, pois me senti bisbilhotando a intimidade de quem nada tinha a esconder. Ora, simplesmente três vacas tricotando em cima de uma árvore... O que de mau há nisso?

Entretanto, como não notaram minha intrusa presença, reacendi o charuto e lá fiquei a observá-las trabalhando com a delicadeza e a agilidade de suas mãozinhas artífices. E foi na paz mais viscosa desse bucolismo que, de repente, pelos céus passou voando sobre nossas cabeças um gracioso cavalo verde. Fantástico!

Era, de fato, cena incomum, e fiquei ali, extasiado com o belo exemplar eqüino-voador. As vacas, porém, após olhar de relance o admirável espécime, indiferentes, voltaram atentas às agulhas e a seu mister de tricotar. Incrível!

A tarde continuava mansa e extraordinária...

Dado momento, porém, surpreendi-me outra vez: agora, por quatro lindos e soberbos cavalos alados, mas de matiz pouco mais claro, contudo, voando na mesma direção do primeiro. Vieram do sul, contornaram a figueira e, num elegante movimento de asas frementes, seguiram em bando para o leste... Pasmo, fiquei observando-os em suas airosas peripécias. Todavia, as três vacas, depois de rápida olhadela, deram de ombros e voltaram ao seu interessante trabalho. Agora, todas três com o cenho franzido e olhos apertadinhos devido à luz que findava...

E foi então, na calma dessa hora santa do crepúsculo, que o ar se rarefez sob o ruído de ruflar d'asas: dezenas, centenas de cavalos verdes voando como um punhado de esmeraldas cintilantes pelo firmamento, realizando um delicado balé vespertino. Impressionante! Como os outros, vieram do sul, fizeram evoluções harmoniosas, cabriolas indizíveis, e pousaram...

Nesse momento, as três vacas tricoteiras, de fato perplexas com a inusitada exibição, interromperam tudo e passaram a observar em silêncio e atentamente a cena indescritível daquela revoada de cavalos verdes até que, retornando ao tricô, uma delas virou-se e disse às outras com desdém:

— Acho que tem ninho por aqui!

Bom dia.

Noches de cabide

"Hoje, graças ao Dr. Scholl e outros eficientes métodos de locomoção, a Realidade finalmente encontra-se a um passo da insanidade"

(lavra pessoal)

Nada nesta mão... nada na outra...

Assim, provando que ilusões e misticismos aqui mostrados são autênticos e que místicos e mistificadores estarão sempre afastados pela Lei dos Vasos Comunicantes, tambores rufam e, num fenomenal *grand-jeté*, o pequeno Toledo pula em cena para comemorar em euforia antigos arranjos emocionais e tirar da abracadábrica cartola sua parábola das quintas.

Então, nesse momento oportuno, quando a grande Terpsícore parece incorporar o pulsante e criativo ritmo da urbe, nada melhor que um pouco da nostalgia encravada no peito para recordar de figuras efetivamente arrebatadoras.

Agora, por exemplo, surge-me a força da expressão corporal ante a irrelevante tibieza verbal da inexpressividade contemporânea. Que fazer?

Sim, hora de lembrar da bailarina Irina Turmanowa, a grande dama do balé mundial que, após adicionar seu charme ao sintetismo gustativo de Serguei Diaghilev, ao construtivismo megaplacentário de Stravinski, à copiosidade sonora de Debussy ou aos delirantes cenários de Léon Bakst, ainda arrebatou platéias universais sob suas mágicas sapatilhas, acapachando-as entre aplausos encomiásticos e uivos ensurdecedores. Maravilha!

Lembro-me bem, conheci-a bebericando uísques e degustando mariscos no Café Magenta, em Paris, onde recebera a Légion d'Honneur das mãos do próprio presidente De Gaulle, com quem, aliás, estivera bailando por motéis nas últimas décadas.

E era fantástico vê-la ali, coquete e faceira, lembrando suas feéricas *performances* de saltatriz pelos palcos do mundo todo. No século XX, perto dela, Nijinsky, Nureyev, Baryshnikov, Balanchine, Alicia Alonso, Maya Plissetskaia, Martha Graham ou Margot Fonteyn, eram todos pinto, levando-se em conta, é claro, a eficaz diferença existente entre coreografia urológica e expressão pênico-corporal propriamente ditos.

Privilegiado e testemunha ocular da História, estive presente no Royal Ballet à sua última apresentação de *Giselle*, em que, com esmero impecável, Irina dançou fazendo a "noiva enlouquecida". Impressionante, em plenos 86 anos de idade, exibiu-nos ali sua extraordinária técnica de piruetas e grandes elevações. Claro, não fosse o andador, estaria perfeita.

Infelizmente, porém, o mesmo não se pode dizer da mera expressão escrita. Lógico, excluindo-se os magistrais e visionários exemplos de um Lautréamont, Raymond Roussel, Joyce, Wittgenstein, Beckett e nossa amada Hilda Hilst, não sobraria nem o esqueleto do ludismo grafológico-oralizante daquilo que há cinqüenta séculos se pretendeu por sumérios, assírios ou babilônios para nos descrever o grande Nada existencial que assola o planeta.

Assim, como a eletrizante postura de Ser e Estar, a flamejante dicotomia do Dizer-Escrever explica tudo. Portanto, Freud total.

Eu sei, posso parecer um tanto confuso e perplexo dizendo essas coisas. Não obstante, é a maneira adequada para se usar da lógica e ver o mundo sob o aspecto formal da análise freudiana procurando simultaneamente comparar balé com loucura e esta com coerência, se é que me entendem.

Sim, etimologicamente pensando, lembro-lhe o nome: Sigmund Freud (do alemão arcaico *SIEG* (Vitória) + *MUND* (Boca) e *FREUDE* (alegria). Meu Deus! A metáfora prova que a *Alegre Vitória da Boca* é "falar", cujo presente do indicativo é exatamente aquilo que a obsessão do mestre mais buscou nos catárticos limites que se estreitavam entre as paredes de seu câncer bucal. Excelente!

Visto isso tudo com intensidade e para arrematar, imediatamente recordo a íntima relação entre a loucura do balé *Giselle*, a pobreza irrisória da literatura contemporânea e — é claro — minha sempiterna homenagem a Freud, a quem tiro o chapéu reiteradas vezes e ao qual sempre atribuo a simpática historinha passada em Viena, quando, ociosos, um assassino, um necrófilo, um zoófilo um sádico e um pirômano estavam sentados num banco de jardim sem saber exatamente como ocupar seu tempo.

Nisso, como se uma idéia arcangelical afastasse o tédio e lhe iluminasse os miolos, disse o zoófilo:

— Vamos pegar um gato?

— Sim — falou o sádico. — Vamos pegar um gato e torturá-lo.

— Não — retrucou o assassino. — Vamos pegar um gato, torturá-lo e matá-lo.

— Mais! — acrescentou o necrófilo. — Vamos pegar um gato, torturá-lo, matá-lo e violá-lo.

— Fantástico! — completou o pirômano. — Vamos pegar um gato, torturá-lo, matá-lo, violá-lo e atear-lhe fogo.

Então, com olhos brilhando ante a grande inspiração ali concentrada, voltaram-se os quatro bailarinos da mente para um masoquista recém-chegado de Berggasse, 19, que, de soslaio, espiou aquelas criaturas tão engenhosas ali reunidas, lançou-lhes alguns olhares plenos de languidez, aprumou bem a voz e finalmente lhes disse:

— Miau...

Bom dia.

Quântico dos quânticos

"O mais interessante na poesia de Salomão é que se pode bebê-la com salaminhos"

(lavra pessoal)

Ontem, sob o ameaçador ruído de trombetas que se aproximavam, mandei que trancassem tudo, coloquei pólvora nos canhões e adverti empregados de que os hunos se aproximavam. Maldição!

E a cada um daqueles toques sinistros, notava-os ali, mais perto e mais perto... Meu Deus, Átila às minhas portas. Pânico geral, acrescido pelo terror de saques medonhos, invasões selvagens e a barbárie das submissões servis. Lépido, vesti a armadura e então, diante da iminência do devastador, desses crescentes temores e do marcial fragor daqueles sons terríveis que se avizinhavam, pensei baixinho: "NÃO! Jamais me submeterei! Hei de morrer lutando!"

Contudo, prestes a acender estopins, mãos nos ouvidos e evocando Gideões, Diane subiu e me acalmou, explicando que era só o entregador de gás.

Mas que droga! Por que, afinal, essa estúpida beligerância sonora só para nos vender aquilo que alguns fazem discreta e gratuitamente, embora transformando certos elevadores em câmaras de Auschwitz, hum?

Pensando bem e, óbvio, não havendo nenhum maldito escafandrista por perto com suas chatíssimas bolhas, o fundo dos oceanos deve ser o local perfeito. Sim, vejam qualquer fotografia de Netuno. Ali, ponderoso, porém sereno, suave e tranqüilo como devem ser aquelas divindades.

E não haveria vozes, murmúrios, bulícios... Fantástico! E isso é imprescindível às volutas da criatividade. Agora, na primavera então, seria de uma utilidade especial. Procurem notar as cigarras. Há coisa pior no mundo, hein? E há quem goste daquilo. Esta semana, por exemplo, uma delas pousou numa sequóia bonsai que tenho aqui perto e ficou ali, me enlouquecendo aos poucos: — *THHÉÉÉÉ... THHÉÉÉÉ... THHÉÉÉÉ...*

Incrível, ela simplesmente não conseguia dar a partida. Tive de chamar o motorista e mandar fazer uma chupeta na cigarra para ela pegar.

Contudo, houve época em que Harpócrates (o austero deus do silêncio) ordenou que as criaturas fossem comedidas ao expressarem-se sonoramente, mostrando sabedoria e, mais, harmonia no relacionamento interpessoal para com os que se pretendiam na honestidade da mímica pura ou do gesto meramente sutil. Simples! Foi só fecharem as bocas ao mesmo tempo e pronto! Fez-se sossego no mundo e cada qual pôde sentir a própria consciência emitindo sinais internacionais.

Como se sabe, o próprio rei Minos morreu de labirintite. Pois é...

Hoje, passados milênios, tiro os tampões do ouvido e o que escuto? Além das tolices habituais do nada-que-preste, o ruído ensurdecedor dos onomatopéicos discursando sua salabórdia para uma multidão de estafermos auditivos que ficam ali, hirtos, na quietude pasmacenta de quem não pensa e cujos argumentos não encheriam de ar nem mesmo preservativos vazios.

É que aquele barulho desagradável parece não passar de mera imitação do que se pretendia dizer de verdade e, visto a anuência exibida no aplauso cordato, parece que irá perdurar para sempre.

Não que haja resquícios de paranóia. Não! Isso é público e notório, e escrever sobre o tema, ainda que oblitere boas obras de arte que poderiam estar sendo criadas, continua a excitar-me as papilas nervosas.

Ao ponderarmos sobre o que resta da Cultura então, a coisa se agrava. Ouvimos de tudo, exceto o necessário, o que me leva a recordar de Otto Rino Seronth, o austero pedagogo alemão que teve o simultâneo mérito de haver tutoriado Al Capone comendo alcaparras e, embora de boca cheia, ainda dizer que "o ruído é simplesmente um mau cheiro no ouvido". Não é fantástico?

E assim, hoje, vendo as besteiras que se cometem em nome do que Henrique VIII chamava de *conversation piece*, resolvo apelar para o lema: *"além da estupidez coletiva, o mais imperdoável é o grunhir"*, já que a ação pode tornar o aparentemente inofensivo verbo num instrumento letal, sobretudo a meus ouvidos sensíveis, que carecem de veludos emocionais para protegê-los e, com esta atitude filosófica, aguardar que os estrepitosos partam e a Fantasia se torne mais respirável. Porém, a cada vã tentativa, aquilo parece aumentar, aumentar, aumentar... E então, ocorre-me pulverizar as ondas sonoras, o que, é claro, só não faço para não ser internado de vez.

O que, afinal, estarão tentando justificar agora com tantos acréscimos? Alguém me saberia dizer? Por ora, e para se criar um clima de absoluto suspense, fico de cócoras, ensaio caretas kabuki e, de fora, respondo ao amado leitor que simplesmente não sei como penetrar na solidez da altissonância ignóbil.

Ainda assim, melhor optar pelo otimismo do Dr. Pangloss, enviar a turba toda para o quinto dos infernos e, é claro, ater-me aos acordes da *Quinta* de Beethoven, que, aliás — e para nossa sorte —, era surdo como uma porta.

Bom dia.

Pequenas ênfases do coisa alguma

"Em crescentes momentos de crise ou necrose,
só mesmo o uso de crases sobre algumas cruzes"

(lavra pessoal)

Impressionante! Ainda que me empenhe fazendo de tudo para que o casual persista e o fatalismo exista exorcizado pelas coisas vãs, não adianta. Como nos ciclos faraônicos, tudo me volta a ocorrer.

Há dias, por exemplo, chegando ao consultório de um psiquiatra para rever as pulsões de conhecido psicótico, cruzei com amigo na porta e, antes que estabelecêssemos algum diálogo, perguntei-lhe se estava entrando ou saindo, ao que simplesmente me respondeu:

— E você acha que se soubesse eu estaria aqui?

Eu sei, apesar do caráter aparentemente insolente da resposta e sua presumível hostilidade, não é nada disso, demonstrando que as pessoas andam perdidas, desamparadas, aflitas e obviamente não sabendo lançar mão da Fantasia antes do Carnaval.

E isso tudo me fez recordar uma estada em La Paz, quando conheci o famoso cirurgião boliviano, Dr. Cuenca San Bach Canción, que atendera Che Guevara na selva colocando-lhe rolhas de cortiça em seus buracos de bala e a quem acabou chamando de paciente "muito rebelde"... Todavia, apesar da insipidez do encontro numa La Paz em permanente estado de guerra, aquele austero homem de ciência revelou-me instantâneos da verdade ao contar que, além de argentino, o intrépido guerrilheiro cubano era também inflável e seu pênis tão pujante quanto um aspargo entristecido. Não é fantástico?

É claro, a perturbadora necessidade de manipularmos o lúdico no lugar do sagrado só nos coloca à frente da edificante e esquecida arte de ser diferente, o que incomoda a maioria vicejante, ou seja, aqueles que ainda persistem em usar a cabeça para separar as orelhas.

Porém, repito a todos: não desanimem.

Abstêmios obstinados e virgens reconhecidamente prudentes, da mesma forma, possuem o sacrossanto direito a deambular pelo planeta pronunciando asneiras e francas apologias à realidade ditosa, ainda que tal exista somente no interior de seus miseráveis bestuntos.

Aquele amigo, por exemplo, insistiu, implorou, suplicou para que ficasse atento aos ditames dos *Protocolos dos sábios do Sião*, como se houvesse tempo a perder com as gelatinosas besteiras filofascistas que um punhado rançoso resolveu criar só para conturbar o sistema.

Expliquei-lhe então que a realidade tinha facetas muito mais interessantes que o dogmatismo de tais porcarias sem importância, citando, por acaso, a histriônica passagem doméstica envolvendo os honoráveis senadores Antônio Carlos Magalhães e seu desafeto, Jorge Bornhausen que, como na inocente passagem bíblica e em rápidos e eficientes três dias, transformou-se de "ladrão" execrando num homem "probo" e totalmente "honesto". Não é formidável? Sim, idêntico ao verdadeiro ludismo com o qual se deve encarar a Democracia sob o caráter demoniocrático de achar que se Arnold Schwarzenegger elegeu-se governador, não há motivo algum que impeça Michael Jackson de acabar presidente.

Assim e diante de sua trêmula irracionalidade, só resta a efusão sentimental ou o lirismo emotivo, em que a verdade se encontra em estado viscoso e só mesmo a psicanálise poderá aventurar-se a curá-lo dessa disbulia em não querer esculpir seus dias, tranformando as mesmices da rotineira merda insidiosa na emocionante aventura de Ser-Estar, é claro, sem que certos idiotas confundam isso tudo com as atividades praticadas há muito pelo cantor Sylvio Caldas.

Sim, o que me leva a juntar o grosso deste raciocínio e rever (isento de revisionismos) o extraordinário artigo de Sir Peter Brian Medawar (aliás e apesar do nome, o único Prêmio Nobel parido no Brasil), onde enfrentava o fantasma insepulto de Freud, afirmando que a psicanálise era a fraude mais considerável do século XX. Interessantes patranhas a se examinar.

Portanto, resolvido o problema, concluo que a atitude comportamental e a grande ressaca psicanalítica não passaram de favas contadas. Porém, retomando, medito ainda sob a difusa luz surreal nos trágicos personagens que comprimiram a superfície de seu divã tão famoso e que hoje é só meu. E penso: teria Freud tentado ali seduzir a encantadora Lou Salomé com drinques psicanalíticos ou sucumbido mesmo às suas clitóricas ansiedades, hein?

Dado momento, cogito ainda que tudo não tenha passado de simples blefe e tais assuntos não sejam senão carochas historiográficas, sem as quais os alquimistas da mente estariam agora falidos, o que não deixa de ser excelente motivo para festejarmos.

Não obstante, com ou sem o porre psicossocial proporcionado por reflexões tão belas, ensandecido ou não, o enigma *"anima et cuore"* afinal se desanima, digerido pela magia tolediana, e de cuja única certeza filosófica tangível restará que, se não abrirmos muito bem os olhos, haverá fraudes para nos queixarmos; se fecharmos muito bem o zíper, não haverá fraldas para lavarmos e — o que é pior — se fizermos ambas as coisas ao mesmo tempo, ainda teremos Freud para chatear.

Bom dia.

Chuvas Regal & dádivas contemporâneas

"Enfim, quando a vida se torna surreal, os alumbrados acabam mesmo profissionais"

(lavra pessoal)

Embora não adiante muito, é sempre prudente aconselhar os catecúmenos da Arte que, às vezes, é melhor ficarem quietos e deixar que pensem que são idiotas do que abrir a boca e não deixarem dúvida alguma.

Sei, isso pode parecer bobagens ligadas à paranóia ancestral, contudo, mesmo ciente de que tal raciocínio já fora praticado numa Creta onde nem todos eram cretinos e inteirado de que muita gente escapou da morte mas nenhuma delas da vida, sinto-me às vezes tolhido em discernir entre as divisórias que separam a Fantasia festiva da Realidade insidiosa e o que, de fato, se deve mesmo acrescentar à existência. Parece complicado, não?

Que fazer então, quando a percepção capta nítidos sinais de burrice coletiva num país que parece haver perdido o referencial e o senso de proporção para afinal, enchafurdar-se nas mesmices de um cotidiano chinfrim, hein?

Há pouco, por exemplo, realizando pequena mudança na decoração do estúdio e saindo da galeria carregando uma estátua de Joana d'Arc, fui preso por dois PMs por porte de heroína. Algemado, fui levado à delegacia, onde expliquei ao delegado sobre a confusão dramático-semântica do acontecido, porém, em sua flamejante estupidez e visivelmente perturbado com a possibilidade de estar sendo iludido, mandou que me trancafiassem num calabouço.

Assim, na expectativa de ver o sol nascer quadrado e impedido de saborear uísques redondos, nada mais restou senão as *Fugas* de Bach, que aliás carrego sempre comigo para tais urgências.

Portanto e de volta a este Valhalla sertanejo, hoje, iria lhes falar sobre mitos *prêt-à-porter*. Todavia, certa diarréia nostálgica me impele ao pretérito e a figuras que temperaram essa coisa viscosa chamada "memória", a ponto de enrubescer-me o peito tabágico mas francamente incapaz de atenuar certas crises.

Afinal, quantos aí poderiam evocar fantasmas importantes, figuras que assombraram nossas alvoradas com a fúria de seu talento? Não sob o recato que os ufanistas evocam minervas desarvoradas. Não! Muito menos veleidades pelo envolvimento pessoal num passado, ao mesmo tempo tão análogo e longínquo. Nada disso! É o mero enlevo em recordar entidades olvidadas num mundo insosso de insídias existenciais e, com isso, fazer-se um *refil* do malte e recobrar camaradas brilhantes e mulheres fantásticas há muito desaparecidos.

Passadas décadas, curioso examinar o cenário sem nome onde lhes deixaram a imagem mal resgatada. Ficou só o vazio e álgidas referências à disposição da sede em reviver-lhes o nome e a obra. Entretanto, como não lembrá-los após tê-los visto em jornadas filosóficas e aquela inesquecível trilha aberta a golpes de genialidade, hum? Sinal dos tempos de penúria, consumismo barato e masturbatórias mitificações marqueteiras, dirão os malabaristas do Nada.

Então, mirando-me no exemplo do Capitão Gancho, conscientizo-me da necessidade de ofertar algo que me escapa as mãos, tolhendo-me o verbo pela urgência de sorver mais e mais aquela gente interessante que acabou virando fumaça. Que fazer? Eram da época do idealismo, das energias compulsivas, da efervescência emoliente a martelar o monolitismo dos corifeus elitizados... E o que é melhor: sem cachês culturais! Tempos fantásticos aqueles, quando até o Samuel Klabin fazia teatro amador só para interpretar papéis. Todavia, agora, nos restou a pobreza irrisória, em que os tais minutos de glória ficam à espreita, só aguardando a incauta pureza dos pasmacentos em busca de inúteis notoriedades.

Com isso, hoje — e de minha parte —, o pontapé nos testículos dos "pseudos" visa sempre a sacudir o torpor pungente, o pudor cenográfico, o vazio patético e a perturbadora ausência de diálogo, da polêmica, do debate e da magia dialética tão saudáveis que tais criaturas praticavam. O que agora parece haver é a sobriedade restrita à assepsia dos ambulatórios com tendência a gueto. Nada além! Contudo, nunca será tarde para cutucar os sonolentos que se aviltam em vampirismos pós-jacobinistas, proselitismos inócuos e carreirismos deprimentes, a dramatizar miasmas de memórias paroquiais insepultas e simular pôr fim à gigantesca maré de ociosidade criativa, em que o insuportável culto à boçalidade tropeça com freqüência na dúvida entre saber quando fingir matar um leão por dia ou simplesmente mudar o canal da televisão.

Portanto, vendo que Ary Barroso compôs *Aquarela do Brasil*, que Stefan Zweig escreveu *Brasil, país do futuro*; John dos Passos, *O Brasil desperta* e d. Evaristo Arns *Brasil, nunca mais*, nada melhor que sentir-me abrasado sob os heróicos retumbantes e mudar-me de mala e cuia para as ilhas Molucas, onde, certamente e com a total anuência do gentil leitor, ficarei mais à vontade para enlouquecer de vez.

Bom dia.

Revivendo parábolas africanas

"É verdade, a fé move montanhas... Porém, como é sabido, um bom trator levaria tudo de volta"

(lavra pessoal)

Era um simples pastor de almas, todavia — e apesar de gago —, carregava no íntimo o perfeito conhecimento da impenetrabilidade divina. E, aonde quer que fosse, crianças e adultos seguiam-lhe os passos para auscultar a gagueira, plena de purezas que seu íntimo exarava glorificando a existência.

E o dia todo, de sol a sol, o pastor gago caminhava muitas léguas, mas sempre à frente daquele séquito de famélicos espirituais que entoavam cânticos de louvor, pois que, em seu encalço, trilhavam as sendas da Sabedoria, da Esperança e da Fé, que buscavam com ansiedade para também vislumbrar lampejos da Grande Face do Mestre.

E de tardezinha, quando as sombras da noite se adensavam, paravam, acendiam tremeluzentes tochas de cedro, reuniam-se à volta do pastor gago e, a despeito da relutância de sua tartamudez, ouviam-lhe o verbo cadenciado jorrar acerca das belezas da bem-aventurança, untando-o como bálsamo em suas almas, tal qual favo de mel a ungir com doçura o final de cada jornada.

E bem cedinho, tão logo a aurora surgisse e o galo cantasse pela undécima vez, levantavam seus corpos doridos e punham-se em marcha, seguindo-o na convicção de que só lhes apontaria a correta vereda do Bem e da Verdade.

E, tendo-o como norteador, caminharam e caminharam tanto que a sola de seus pés machucados pisaram o pó e pedras de vales, desertos inclementes, miríade de colinas e seixos de muitos rios... e seus olhos extasiados viram paisagens tão diversas que poucos homens na Terra já haviam tido o privilégio de testemunhar. E isso tudo lhes era uma graça, uma bênção generosa do expedito pastor gago que os guiava com tamanha devoção.

Um dia, porém, após tanto deambularem seguindo as pegadas do pastor gago e sua inexaurível generosidade, acharam-se em meio a imensa savana: a trilha dos milhões de passos que pisaram em busca da Virtude levou-os ao centro da África! E, uma vez mais, a alegria brotou em seus semblantes. Por isso, juntaram-se todos à sombra de árvore secular e, cantando hinos de glória, estenderam toalhas na relva, distribuíram frutos e repartiram o pão, bendizendo o dia tão especial antes de prosseguir seu lenitivo destino.

E, através de êxtases e todo ímpeto de doçura, a felicidade habitava seus corações e a data era-lhes propícia a grandes contentamentos, pois sabiam: assim estava escrito...

Contudo, de repente o zeloso guia parou! E logo atrás, alertas, seus seguidores estacaram também! E o pastor gago esticou o pescoço, arregalou bem os olhos, levantou o braço com a mão espalmada e bradou com emoção:

— *Hip! Hip!*

E com júbilo e fervor dentro do peito, todos lhe responderam:

— *HURRA!!!*

E o pastor gago de olhar esbugalhado de novo gritou:

— *Hip! Hip!*

E com mais fé seus seguidores repetiram:

— *HURRA!!!*

E ele de novo:

— *Hip! Hip!*

E todos:

— *HURRA!!!*

Daí então, veio um hipopótamo e comeu todo mundo.

Bom dia.

O quase frigir dos ovos

"Pensando bem, o melhor lugar para se estar agora ainda é o algures"

(lavra pessoal)

Hoje, não obstante a orfandade desta primeira semana sem Hilda, coube-me a estafante tarefa de organizar coisas, armazenar conceitos, recolocar parâmetros, acondicionar idéias e, por fim, meditar sobre detalhes e essas proporções que agora se acham espalhadas sobre minha mesa. Sim, todas elas: a proporção anatômica de Leonardo da Vinci; a divina proporção de Lucas Paccelli; a proporção filosófica de Bertrand Russell, a mimética proporção da papisa Joana... Enfim, tudo ali.

Porém, coerente e absolutamente responsável, sabendo que a editora espera o texto com avidez, ponho-me a produzi-lo. Assim, lépido, pego-as uma a uma, olho em volta, apanho uma caixa de papelão e enfio-as todas dentro. Pronto! Agora, guardadas as devidas proporções, abro as porteiras da mente e, com os miolos completamente livres, passo a encarar outra vez o trabalho que, como se sabe, dignifica.

Então, *voilà*:

Espantoso! Quando disseram que Benjamin Franklin empinava papagaios buscando inventar pára-raios, todos à volta sorriram, menos eu, que vi ali a atitude de um sábio prestes a ser eletrocutado pela energia gerada nos cúmulos do absurdo mas ocupando-se somente com o cúmulo da estupidez. E ainda empinando pipas. Não é formidável? Pior seria empinar papagaios para fugir de credores e acabar fulminado por raios-o-partam não tão edificantes. Portanto, exercendo o *nonsense* ianque disponível no século XVIII, o velho Ben sobreviveu, ganhou uns trocados e acabou por inventar a engenhoca que serve hoje para nos provar que *"quod superius siquot quod inferius"*, ou seja, aquilo de que Teilhard de Chardin se utilizou para nos mostrar que tudo o que sobe um dia tende a descer no outro.

Pensando nisso e vendo o que acontece atualmente ao redor, não posso deixar de convir com o destino de seres pensantes como ele que, a despeito de sua maldita peruca cuculiforme, introduziu o útil aparato que serve para proteger pessoas contra a meteorologia que, com freqüência, lhes martiriza a combustibilidade burguesa.

Porém — dirão os argutos —, o mundo está repleto de inutilidades que dispensam proteção. Ao contrário, até poderiam ser fulminadas para que o equilíbrio se mantivesse e a ética, com suas vaporosas roupagens idealísticas, resistisse à eletricidade atmosférica para, impávida, cantar os louros da vitória com espada na mão e um espanador na outra, apenas varrendo para longe os podricalhos inúteis que tanto perturbam o existir.

Inteirado disso, Darwin procurou alertar-nos do perigo, contudo, aparvalhados com dogmas religiosos, nunca lhe demos atenção. Sim, o que o sábio de Kent chamou de "seleções naturais" fez com que entrássemos numa fria, procurando mistificar o caso com *Seleções do Reader's Digest*, isto é, tapar o Sol com a peneira e depois ainda ouvir as parlengas do oftalmologista em chamas. Não sei se me faço entender, todavia, como nunca sou compreendido, deixo somente que a fluidez de raciocínios deleitosos me banhe para que hora ou outra, se encaixe de modo definitivo e o mimetismo do pensar tolediano volte a seu fluxo normal.

E ali, aguardando que o relaxamento muscular arrefecesse a rudeza de tais pensamentos, fui interrompido duas vezes pelo indócil estridular do telefone: primeiro, a egiptóloga Cléo Nefertetta, que ligava do Cairo só para saber das múmias locais. Na segunda, porém, a amiga histerectóloga que adquiriu casa com uma cozinha maior que a Capela Sistina e ainda pensava aumentá-la. Sim, queria que sugerisse alguém para a tal reforma. Citei-lhe então Martinho Lutero que, segundo sei, foi ótimo nessas coisas de reformar. Mas não adiantou. Irascível, dizia querer gente mais braçal e menos complexa. Que fazer? Inútil discutirmos numa hora dessas. A ginecologia acaba lhe subindo à cabeça e ela, ingênua das insídias do mundo urológico, simplesmente ignora a vulvar precariedade que envolve o sistema, só enxergando a lógica através de sua exacerbada visão, às vezes dizigótica, outras univitelinas, porém, sempre gêmeas e atreladas à realidade vulgar.

Assim, grisalho de preocupação pela amiga desarvorada que ameaçava fritar-me os testículos em sua "Poltrona da Morte", anexei às funções de multimídia várias outras, travestindo-me de anacoreta surreal em escriba dadá, depois em otorrinolaringoutonal e, por último, perguntando-lhe de chofre o que havia surgido antes, o ovo ou os ovários? Pronto! Diante do impasse a que foi submetida, enfim serenou, aquietando-se no silêncio das meditações aquiescentes e na inaquiescível mudez das irretocabilidades.

Perplexa com isso, concordou comigo e escapei de sua pena letífera. Então, muito embora a coisa toda pareça óbvia agora, afinal, provei ao mundo com sabedoria que, de fato, é muito melhor desdobrar-me aqui numa carreira eclética do que simplesmente trepidar ali em sua cadeira elétrica.

Bom dia.

O carnegão tirolês

"A coisa mais gloriosa que pode ocorrer a um oftalmologista é tornar-se ridículo aos olhos do mundo"

(lavra pessoal)

Embora perceba o quanto é difícil clamar no dê certo, insisto e persisto na velha fórmula existencial de evocar Girolamo Fracastoro, o médico e poeta italiano que, além de amigo de Copérnico e o mais feliz dos homens cujos ambiciosos projetos resultaram em nada, julgava-se beatificado só ao imaginar que a humanidade deveria mesmo findar-se como os gastrópodes do ultrajante sistema que ela própria criou. Pobre homem, em sua zigomática estupidez, jamais suspeitou que, rastejante, a lesma humana que se auto-intitula *"sapiens"*, jamais chegará a *escargot* exatamente por isso: ambição total de transformar o verbo em ação e acabar escargando sobre tudo.

Não sei se me faço entender... Aliás, hoje em dia isso parece não importar muita coisa. Quando o mundo estanca para ver um mirrado peitinho da irmã do Michael Jackson com *piercing* no mamilo, achar aquilo o máximo e esquecer que Jane Mansfield já foi padroeira de Uberlândia, aí sim, retorno à repugnância de meus saudosismos e lembro que Safo, a poetisa grega, não era tão safada quanto apregoam. O que de fato lhe comprometeu a carreira foi o irmão, Caraxos... Pudera, com um nome destes na família, não admira que lhe tenham fechado o zíper da História sobre sua delicada obra, resgatando-a somente pelas venéreas convicções praticadas em Lesbos. Daí, logo se deduz que a morbidez dos pudores greco-cretinos pode investir a qualquer hora e nos locais mais anódinos. Impressionante!

O mesmo aconteceu depois nos *States*. Lá, os narradores do passado omitem preciosidades históricas, como, por exemplo, George Washington usar dentaduras de madeira; a cabana de Abraham Lincoln ter só três paredes ou Dwight Eisenhower adorar espiar buracos de fechadura, ainda que as portas estivessem totalmente abertas. Puro ranço.

Habituada à limpidez surreal, todavia, Diane me conta TUDO. Sim, quando lhe reservo noites para me cardar a lã dos cabelos, fico ali, quieto, ouvindo-a com o charuto das suaves ocasiões. E então, livre da salabórdia trazida sob a sonolência das rotinas, deixo-me banhar na narrativa edificante dessa mulher mitológica e, assim, orgulhoso em minha altivez elevada a 18 metros acima do nível do mar, entro em êxtases nutritivos, pois é quando sinto a hora dos tempos fabulosos da vigília amorosa.

Certa ocasião, entretanto, vi-me impedido de ouvi-la narrar suas preciosidades. Flagelado pelas mídias — e bem antes de Janet Jackson —, da última vez que estive em Innsbruck, resolvi comprar *piercings* e ficar em sintonia com a moda. Sim, já era tempo de me adaptar às coisas sérias que se promovem hoje em dia em matéria de tornar funesta a nossa própria imagem. Então, lépido, vasculhei o Tirol em busca do que mais agradasse, e ali, em meio ao bulício urbano de estranhos homens que bebem cerveja preta vestindo bermudas verdes, vi, numa vitrine, um par de rubros, luzidios, exuberantes e purulentos furúnculos que imediatamente adquiri e mandei pendurar nas orelhas perfuradas. Magnífico! Agora, sim, sentia-me inteiramente *up-to-date*!

Afinal, poderia retornar à América e, sem o menor constrangimento, deixar-me fotografar ao piano com os novos e sensacionais ornamentos aurículo-tribais. Nem mesmo o historiador Paléfates, em seu *Acerca das coisas incríveis*, teria incluído feito tão sublime: o pequeno Toledo executando Satie com delicadas pústulas pregadas na orelha. E confesso: a beleza-*fashion* da cena comove a tal ponto que me é quase impossível descrevê-la sem lágrimas. Ainda assim e sob insuportável emoção, eu o faço. Claro! O gentil leitor tem todo o direito de dividir comigo aqueles esplêndidos momentos de elevação estética.

Todavia, nem tudo é enlevo. Ao embarcar de volta, escrofuloso funcionário aduaneiro, investido em servis obediências, quase pôs tudo a perder. Sim, examinou-me como se fosse *avis rara* prestes a contrabandear preciosos ornatos alpinos. Com isso, não obstante as explicações, acabei detido como usurpador de patrimônio austríaco...

E, pondo fim à obscena odisséia alfandegária, só posso contar que terminei por dar-lhe um formidável *catch-as-catch-an*, mas danificando um de meus preciosos furúnculos, que purgou com wagneriana obstinação. Droga! Sob heroísmo habitual, aclarei o incidente, mas, semiprivado do objeto do desejo, o que causou atrasos e me obrigou a cancelar a audição em New York.

Porém e sabendo que o arfante leitor aguarda pelo epílogo disso tudo, explico que, expedito como de hábito e valendo-me do acaso, logo aplainei o impasse, lá ficando a procurar um furuncólogo para restauro do *piercing* tolediano. Portanto, como se vê, através da intempestiva intervenção de costume, alcancei outra vez o Prodigioso, simplesmente metamorfoseando o comum concerto no Carnegie Hall novaiorquês pelo mágico conserto do carnegão tirolês!

Bom dia.

Cartesianismos sobre meu telhado de vidro

"A Verdade até os bezerros devem saber: bifes mal-passados jamais terão um bom futuro"

(lavra pessoal)

Como já disse antes, trabalho muito.

Assim, não vejo por que vez por outra não possa dar sentido a ligeiras ambições pessoais de mexer com a vaidade criativa e me deixar levar — digamos — pelo lado mágico de pequeninas coisas. Como também não vejo motivos para ocultar isso tudo do gentil leitor. Não, não. Afinal, essa magnética simbiose que existe entre nós é necessária para que possamos ambos, ele e eu, dar algum sentido existencial a essa meleca toda que envolve o sistema.

Vista a questão, veja-se também minha timidez, pois dou tais rodeios só para dizer que há dias tive a veleidade de contratar um joalheiro etrusco para me confeccionar um anel. Coisa simples, uma pedra de ônix preta que lembrasse uma avelã sob um singelo engaste representando a suntuosa coroação de Catarina, a Grande. Pura bugiganga, eu sei.

Todavia, executado o projeto e ao contrário do que possam pensar, não fiquei satisfeito. Faltava algo ao negror do ônix.

Talvez um pouco mais da trevosa espiritualidade que essa pedra sempre deve exibir. Mas ela não. Ficou ali, fosca e tímida como se não fosse aquela ágata entre cujas camadas se observa a filosofia em seu estado mais puro. Portanto, não fiquei feliz como esperava.

Outro dia, contudo, e já pensando em consultar o *Penhor dos Anéis*, um amigo minerador, examinando-o, provou-me que aquele ônix era uma fraude.

Droga! Como, afinal, poderiam ter feito isso a mim que só exige a Verdade e nada além da Verdade, hein?

Furioso e disposto a escandalizar, apanhei o anel e, pisando firme, dirigi-me à joalheria irrompendo na loja com ele na mão e logo da porta já fui gritando:

— ISSO É UM BASALTO!

Meu Deus! Berrando e apanhando crianças junto aos seios, mulheres histéricas se ocultavam sob os balcões. Homens lívidos levantavam as mãos, funcionários se atiravam ao chão enquanto um maldito alarme zunia como uma Walkiria de terceiro ato. E eu ali, só querendo reclamar meus direitos... Impressionante.

Enfim, chegou a polícia, me algemou e me trancafiou na cadeia, de onde, aliás, escrevo agora.

Então é isso? Na hora de adquirir, sorrisos primaveris. Na hora de descartar, porradas escangalhantes. Um ultraje ao consumidor!

Bem, mas já que estou preso pelo crime de "descartar", nada melhor que lembrar de Descartes, o filósofo que descartou a escolástica adotando a geologia, mas ninguém notou. Sim, saiu dos Países Baixos e, após curto estágio otorrinolaringológico com Nassau, veio ao Brasil e acabou em Lavras, onde só o lúdico ocorre. E lá, contrariando as leis do bom senso, iniciou a estúpida mania de colecionar pedras de xisto, pretendendo levá-las para a Holanda e construir um dique inexpugnável, assim como a diverticulite que lhe entortava os miolos.

Avisaram-no da besteira, porém ele, em sua rinocerôntica obsessão, nada percebeu, continuando a juntar toneladas de xisto diante da casa, onde já o chamavam "louco de pedra", charmosa alcunha que lhe mantinha a altivez do olhar empedernido, assumindo a própria demência. E, sob respostas lapidares, colocava uma pedra sobre a questão, criando a respeitosa pilhéria latina conhecida como *"Cogito ergo sum"*, mas desconhecendo totalmente a existência de Capotas, a assombrosa pedra mitológica que curava a loucura e que hoje, adaptada pela sabedoria contemporânea, é usada somente para nos protegermos da chuva.

Entretanto, certa vez, ao encontrar jazida formidável, Descartes trabalhou o dia todo, não deixando pedra sobre pedra. A seguir, criou método especial de extração, escreveu-o em minúcias, subiu num seixo e leu-o ao público extasiado. Anos depois, tal manifestação veio à luz, ficando conhecida como *O discurso do método*, enobrecedora contribuição ao conteúdo do Nada que a própria Marilena Chauí jamais conseguiu explicar.

Assim sendo, um bando de sicofantas aproveitou-se da notoriedade do filósofo-pedreiro e seu rochoso sistema, inventando nomes esquisitos e fórmulas enciclopédicas para agregar-se àquele hábito interessante e ganhar fortunas. E isso lhe fora uma pedra no sapato! Então, através de vastas perseguições, total falta de solidariedade e insidiosas intrigas sindicais, acabaram por tramar sua deportação para a Suécia, onde morreria de frio, de tédio e delicados cálculos renais.

Pedregoso final, concordo, mas, como viram, *Cartesianismo geológico* é só isso: um punhado de bobagens, montanhas metamórficas e nada mais! Solucionada a questão, após tê-lo descrito em onixcientes minúcias mesmo sentindo-me lesado no ônix da questão, ainda desafio: aquele que ousar confundir xisto com chiste e duvidar dessas acerbíssimas verdades, que atire a primeira pedra! Pois, sereno, estarei aqui de joelhos para recebê-la em pleno peito, visto não poder ser nada pior que minha própria pedra no rim.

Bom dia.

Puerperais vicissitudes de um dia

"A fecundidade filosófica será sempre inútil diante da esterilidade contemporânea"

(lavra pessoal)

Sabe-se: certos pensadores se prostituem à toa. O que recebem por isso não se deve chamar de cachê cultural e sim michê ignaro, pois, na maioria das vezes, lidam com tênues conexões entre Realidade e Fantasia mas não se apercebem de nada.

Comigo, jamais! A cozinha tolediana permanece sempre condimentada em equilíbrio entre dois vícios supremos: o *lúdico flamejante* e o *onírico avantajado*. Assim, esperando pelo fastio, aqui, a Realidade é sempre servida por último e com uma ligeira pitada de desprezo. E foi pensando nisso que resolvi contar minha recente e desastrosa trombada com o que chamam irresponsavelmente de... ocasional.

Tudo se iniciou no dia em que aceitei incumbência de fotografar o nascimento de Vênus. Para tanto, houve negociações com o ministro das Mitologias de Lula, mas tive de sair deste meu valhacouto, ir à cidade, ingerir poluições, entrar no Banco do Brasil e assinar papéis para receber parcos proventos, só para satisfazer o ego de burocratas pró-ventos. Pior que isso, só imaginando o Andrea Bocelli em meu portão vendendo espanadores e cantando uma exaltada ária de *Il diavolo el'angelo*. Que fazer? Wagner conseguiu dar cores ao *Parsifal* após aliciar um rei com quantidades industriais de merda no interior do crânio. Pensando nisso, aviltei-me em trajes civis e, invocando o sacrossanto nome de Ludovico Sforza, ingressei naquele estabelecimento tal qual Aníbal à frente de seus elefantes. Porém, espantei-me vendo como aquilo tudo é terrível. Mas cumpri meu destino: com olhar sobranceiro e Excalibur em riste, atravessei o saguão do banco e... Meu Deus! Comecei a sentir os tremores que antecedem grandes e incontroláveis criações:

— Aqui não, Senhor! — pensei. Mas era tarde.

Como o impacto de mil raios, alguma inspiração jupiteriana me atingira em cheio e — o que é pior — no anódino interior de um banco. Não haveria mais tempo! Assim como nas volutas persecutórias de Daniel Schreber pré-Freud, senti-me grávido e túrgido de nova idéia, ávida por remexer-me as entranhas criativas e expelir para o mundo sequioso um novo rebento intelectual:

— Acho que estourou a bolsa — ponderei.

Lembrei-me então do procedimento correto entre os nhambiquaras: fiquei de cócoras, esbugalhei bem os olhos, inflei as bochechas como dois balões cativos e comecei a resfolegar, exatamente como uma chaleira prenhe no preciso instante da ebulição de ideais revolucionários. E ali, diante do olhar aterrado de clientes perplexos e funcionários estupefatos, iria parir alguma nova obra.

Entretanto e para o bem da puericultura ocidental, tratouse de alarme semifalso! O crucial momento ainda não chegara. Contudo, hirtos, público e escravos do Banco do Brasil espiavam sem compreender o significado do quase puerperal evento que me fazia cacarejar como um dragão exorcizado. E lá estava, sozinho e abandonado em minha pungente gestação ideológica às vésperas do serviço de parto e só uma freira, com seu chapéu tipo 14-Bis, auxiliou e me deu a mão até que as contrações se acalmassem e me recompusesse dos miasmas, secreções, fermentações e liquefações pré-natais.

Refeito e sob espanto geral, não possuía disposição para tratar de negócios. Sentia-me exaurido com aquele frustrante e escorregadio sintoma de neurose osmótico-placentária.

Então, com a extrema dificuldade dos filósofos parturientes, chamei a moça do café para ajudar. Li seu nome no crachá, entreguei-lhe meu cheque e sussurrei:

— Saca, Rose!

E ela, não compreendendo nada, me serviu um cafezinho com sacarose. Droga!

O que faltava agora acontecer? Como me concentrar, absolutamente grávido de nova obra e diante de tamanha estupidez? Pensando nisso, puxei um cigarro, coloquei-o na boca e foi aí que a verdadeira tragédia aconteceu: assim que o acendi, o banco inteiro explodiu, atirando papéis, computadores, calculadoras, caixa-forte, a freira e tudo o mais pros ares, incluindo o gerente, com cuja maldita gravata listrada enroscou-se todo na torre da catedral que, como se sabe, hoje em dia é o lugar mais badalado da cidade. Mas, voltando ao assunto, juro, foi involuntário. Apesar de cretinos e entediantes, nada tenho contra estabelecimentos bancários. Na verdade, acho-os até interessantes, sobretudo quando estão fechados para balanço e me trazem sempre à memória as enlouquecedoras obras de vaivém de Goya.

Portanto, agora, já parido e a salvo, fica decretado: que o tal episódio tenha caráter inteiramente pedagógico-redundante e maternalês-pós-depurativo.

Quem mandou me emprenhar com baboseiras estético-filosóficas num banco; não prestar atenção aos avisos da paranóia antitabagista que grassa e acabar abalando todo o sistema financeiro da cidade, hein? Afinal, o Ministério da Saúde já advertira há tempos: fumar durante a gravidez pode prejudicar o BB.

Bom dia.

Mycro stultu... Quo vadis?

"Dia virá em que computador, só no dentista"

(lavra pessoal)

Nada como o otimismo estampado nas mídias para confirmar a tese de que o mais corajoso dos atos ainda é pensar com a própria cabeça. Com isso, vê-se o contra-senso de um senso insosso prevendo o inefável na aparente imperturbabilidade do sistema, noticiando que hoje há, no mundo, só um bilhão de favelados. Pouco, não? Imaginava que houvesse mais. Afinal, a democracia deve servir para alguma coisa, ou seja, algo mais a impedir que canalhas se perpetuem no poder e espermatozóides descontrolados atravanquem o existir com seus miasmas demográficos.

Enquanto na Califórnia os gringos criaram uma soberba infra-estrutura estabelecendo o Vale do Silício, nós, aqui, passamos 21 anos criando o Vale do Milico, agora, sutilmente transformado em Vale de Lágrimas, porém, jamais imaginando qualificativos escatológicos que nos levem a chamá-lo de Vale Quanto Pesa.

Tendo em vista a penuriosa situação praticada com tanto zelo pelo que julgam existir no liberalismo tecnocrático, lembro-me do amigo incauto que se envolveu na tragédia existencial de sobreviver: primeiro, vendia softwares. Depois, hardwares. Hoje, coitado, vende tupperware... Triste sina para quem estabeleceu ganhar um milhão por ano sem jamais suspeitar a chegada dos transgênicos. E isso só nos prova o quê? Que Philippe Dreyfus, imaginando que ao perder a fé em Deus os bispos se voltam para a sodomia ou a informática, tentou restabelecer o equilíbrio emocional, colocando numa estúpida seqüência numeral binária soluções tão primárias para uma legião de estafermos fazerem uso. Portanto, tudo besteiras contabilizadas.

Assim, estava ali, achando a melhor maneira de acomodar tais raciocínios lógicos no interior do crânio e um imenso *iceberg* no interior do copo quando, de repente, como por bruxaria, o texto que escrevia sumiu, aparecendo na tela um rosto maciço, severo e barbudo que me espiava de soslaio! Relâmpagos no céu trevoso!

Incrível! A mesa toda estremeceu, enquanto 12 ou 13 pêlos do braço se me eriçaram de emoção! "Safra boa", pensei...

Verdade, a princípio espantei-me, achando que o Peter Ustinov havia deixado a tumba procurando pelos caminhos de Sousas. Pórém, ajustando melhor os óculos, vi que se parecia com Júpiter! Mas... que diabo estaria ele fazendo em meu monitor? Seria possível um velho deus que se supõe morto desde a tomada de Sebastopol me aparecer assim, via Internet?

Ágil como o vento, digitei então: *"ARE YOU, MISTER JUPITER?"*. Silêncio! Só a hirsuta caraça abanando a cabeça de forma positiva...

O que, afinal, teria o computador de tão especial para que divindade de tamanha grandeza despencasse e me aparecesse assim, no meio da noite? Jogar conversa fora? Mexericos olímpicos ou somente molhar o bico às beiras do Atibaia? Ora, para quem foi amamentado com o leite da cabra Amaltéia, difícil adaptar-se a meu acrobático etilismo. Enfim... Depois outra: cabras? Onde iria achá-las de madrugada? Não, não! Júpiter ficaria de bode com tal sugestão. Sobretudo, se houvesse erro na digitação e saísse "*cobras*", insinuando algum refrigerante antiofídico a ser oferecido ao grande deus que, irado, poderia metamorfosear-me num abstracionista. Cruzes! Não, não e não! Toda cautela é pouco! Melhor ficar no *scotch*...

Todavia, enquanto decidia o que servir, uma após outra, me apareciam na tela mais figuras célebres: Netuno, Marte, Mercúrio, Vulcano, Apolo, Vênus, Minerva... cada qual com seu crachá e a me acenar simpáticos tchauzinhos... É verdade: com o maravilhoso *blended* que sorvia na hora, nada mais justo que deuses latinos se unissem aos gregos para — de modo ecumênico — ingressar nesse singelo panteão sertanejo, em vez de esbanjarem sua preciosa eternidade com videoconferências sobre "pedofilia zen", "enxadrismo anal", "lesbianismo filatélico" e tantos outros temas mortais que, intrometida, a Internet oferece de forma abundante e domiciliar.

Dito isso, imagino que seja preciso estudar certas obras enciclopédicas, torrenciais e dementes, para compreender a mediocridade absoluta que leva a humanidade a se corromper com tamanha erudição informatizada, cuja essência maníaco-depressiva pouco mitológica despreza até mesmo os verdadeiros senhores da Terra, dos Céus e dos Mares, atirando para cima de meus pobres ombros cansados a noturna responsabilidade de cuidar daquele punhado de criaturas, desalojadas de seu conforto divino pela acidental invasão de engenhocas cibernéticas de que nem sequer suspeitam.

Porém, dado meu conhecido caráter cósmico-filantrópico, digo que aceito a incumbência! Assim, se até os deuses peregrinos resolvem bater à porta deste humilde computador e beber um uisquezinho com o pequeno Toledo, como, afinal, deixar de criar coragem, franzir o cenho, aprumar o dedo indicador e simplesmente lhes dizer:

— ENTER!

Bom dia.

O renitente carrossel dos prazeres

"A última vaidade do Homem é exatamente a primeira da proctologia"

(lavra pessoal)

É verdade: das grandes frases que marcaram os séculos precedentes, restam-nos somente três que de fato exemplificam um estado de espírito dito "de porco" por alguns, porém, iluminista, pela maioria. Que fazer?

Como para mim maiorias nunca têm grandes relevâncias, concentro o olhar nas paisagens e outra vez, sob a tênue inspiração daquilo que não quer dizer nada, mais a eloqüência do que nunca tem nada a ser dito, penso logo em tais verdades e as reproduzo aqui. Sim, a começar por Oliver Goldsmith, o escritor irlandês do século XVIII que teria Joyce e Beckett pela frente mas ainda assim acabou criando a mais lapidar e anacreôntica das abstrações dizendo: "Onde quer que haja prazer para vender, lá estarei eu para comprá-lo."

Já no século XIX e caindo como uma luva, Oscar Wilde abriu sua iluminada bocarra para decretar a quem tivesse orelhas para escutá-lo: "Artistas, assim como os deuses gregos, só se comunicam entre si."

Não é mesmo fantástica? Não, não. Ainda não!

O melhor mesmo estaria reservado ao século XX e por Herman Khan, o adiposo futurólogo catastrofista do Hudson Institute que fazia os McNamara-*boys* ejacularem de emoção. Sim, investido da fleuma científica com que se exibia aos tolos aparvalhados, olhou nos olhos de um repórter perplexo e fulminou: "Alguns assuntos são só para loucos e entendidos." Não disse? Pois é...

Portanto, nada melhor que iniciar o mês de junho pensando em formação de quadrilha, mas com o coração repleto de otimismo.

Por isso, apesar da maneira enfática e estilo meio gongórico, faço lembrar das facilidades e benesses aquisitivas da atualidade. Por exemplo: há seis décadas, eu mesmo não poderia comprar absolutamente nada de interessante. Primeiro, pelo inelutável motivo de ainda não haver nascido. Segundo, dado o estrabismo mercantilista e precários sistemas de divulgação, tudo de bom me ficava ocultado. Terceiro: o mau gosto imperante na época anunciava restolhos estéticos do que se supunha vir da *Bauhaus*. Entusiasmado sob anacrônicas ambições empresariais, o comércio varejista parecia só pensar em vender ilusórias sensações de conforto e nos aliciar com promessas de um futuro melhor. Bobagens!

Agora, porém, diante da alta tecnologia, das grandes facilidades e, sobretudo do brilhante *merchandising* veiculado, quem, afinal, acreditaria naqueles velhos apelos, hein?

Assim, visto o lado prático do existir, resta lembrar que não precisa mais ser um Dr. Livingstone para se aventurar pela cidade à procura de algo inútil. Não! Hoje, a disforia aparece na tela e nos leva à cegueira diante da oferta maciça que nos rebenta os miolos. Daí a necessidade de reações imediatas e efetivas. Ora, para que a eficácia da publicidade surrealista aflore, devemos conceber algo extremamente cobiçado mas de difícil aquisição. E o que então mais inalcançável que uma bela hemorróida, hum? Sim, é isso! Hemorróidas! Pode-se imaginá-las sendo oferecidas no portão por vendedores de enceradeiras? Não, é claro! Por isso a virtual importância acerca desta campanha. Hoje as vantagens são tantas que vale testar a musculatura dos veículos de comunicação para efetivar grandes ideais progressistas e deixar fluir a diarréia aquisitiva. Portanto, imagino *outdoor* que dirá: *NÃO ESPERE A VELHICE CHEGAR PARA REALIZAR UM SONHO: ADQUIRA JÁ SUA HEMORRÓIDA*!

E pense na importância disso em termos de aventura interior: Internet, *teleshopping*, *telemarketing*, venda por fax, telefone, sedex, entrega em domicílio, cartão de crédito... Cores indeléveis. Garantia de um ano. E o que é mais cômodo: no recato do lar você poderá experimentá-la pelo período de dez dias e, não se adaptando a seu conforto, tudo bem. Poderá devolvê-la, receber outra ou ter seu rico dinheirinho de volta. Fantástico, não?

Dito isto, fica o altruísmo e a certeza de que, muito em breve, em cada lar deverá haver pelo menos uma hemorróida pulsando. Seja ela à pilha, de corda ou elétrica e lá estará a bicha, ligada, alegrando a vida das populações. Logo, bastam só uns arranjos políticos para enfeixar acordos mercadológicos e pronto! Alca, Mercosul, Nafta, Comunidade Européia... todos decidirão por equilibrar seus déficits emocionais e aderir à globalização hemorroidal dos prazeres, e assim, dar-se as mãos para se construir um mundo melhor.

— Calma, Toledo — dirão os intransigentes. Eu sei. Creio ter exagerado um pouco no entusiasmo aparentemente megalômano, todavia, assegurado o ufanismo, contentar-me-ei só com a adesão regional. Mas insisto: *HEMORRÓIDAS PARA TODOS!*

E, se já possui uma, lembre-se: a partir de hoje, o modelo que utilizou estará obsoleto. Por isso, afaste o conservadorismo!

Nesse eufórico clima junino-esfinctérico, seja prático e mostre viver em tempo de felicidade, solicitando um *upgrade* para o deleite de acomodar-se em almofadinhas tipo Dulcora e, afinal, poder assistir ao Armagedon perfeitamente sentado.

Bom dia.

Féretros *al primo canto*

"Neste mundo de dúvidas, só há mesmo duas certezas: a própria morte e a estupidez coletiva"

(lavra pessoal)

Incrível, porém, nunca é demais lembrar que no final dos anos 60, com sua lisérgica genialidade, a dupla Lennon/McCartney legou à juventude psicodélica o sucesso chamado *Happiness is a warm gun*. Muito bem.

Quatro décadas depois, a magia repetiu-se: há pouco, o diretor alemão Thomas Imbach filmou *Happiness is a warm gun*, baseado na história e na morte do casal Petra Kelly e Gert Bastian que, além de ter se suicidado de forma shakespeariana, manteve o carisma intato. Maravilha! Sobretudo sabendo que ambos eram abstêmios xiita-antitabagistas. Pois bem, sabendo disso e fumante profissional, vejo que o negócio não será oferecer-lhes outra versão de *Happiness is a warm gun* mas, sim, a autêntica criação todediana intitulada *Happiness is a Fenergan*, muito mais útil e expectorante do que meros trabucos hostis à mucosa mental.

Dito isso, visando à sobrevivência da espécie e exorcizando quaisquer manifestações contrárias, penso na sabedoria dos que sabem que contra o mal da morte não há remédio nos jardins, recordando-me de fato acontecido há dias, quando fui abruptamente avisado de que a "moça do seguro" me esperava no estúdio. Estranhei. O único que conheço ligado ao tema é o almirante Nelson, de 1805, ao defender Gibraltar com o próprio queixo. Ainda assim, fui vê-la. E lá estava ela: tipo desarvorado, cabelos soltos como os pôneis das Ilhas Shetland, parecendo saída de baixo de uma pedra. E o pior, terrivelmente indiscreta. A sós, mexia e remexia em meus preciosos livros, esboços e cálculos matemáticos. Ao ver-me, recompôs-se e foi falando a que veio: *SEGURO DE VIDA*, disse. Sorrindo, expliquei-lhe sobre as possibilidades da imortalidade, mas nem ligou, insistindo em abrir sua pasta e mostrar algumas vantagens financeiras acerca da morte. Nesse preciso momento, nem o Vanzetti teve mais Sacco para aturá-la e, então, expulsei-a com um delicado pontapé no rabo e retornei à calma sibarítica dos raciocínios recheados de Filosofia e Ópera.

Entretanto, a macabra sacoleira me insuflara a idéia de um final não previsto, isto é, um *gran finale*, o que nunca estivera em meus planos, a não ser, lógico, ao ouvir o aspirador de pó e os últimos acordes do *Crepúsculo dos deuses*.

Mas, por que, afinal, esses pensamentos de origem perversa e larvar iriam me envolver justamente agora, quando afirmam que a inadimplência funerária fora contida e a morte, adiada para sempre? Enfim, pareceu divertido e fiquei meditando a respeito, até adormecer de mansinho, mas ponderando: "Que experiência notável e democrática essa da morte". E, enquanto Brunnhilde brunia a garganta, as imagens fosfenomáticas da vigília me vinham, devagar e aos borbotões...

Triste, mas lá estou agora, deitado naquele caixão medonho! Contudo, apesar de um tanto esverdeado, pareço bem. Como Voltaire, há até esboço de sorriso na comissura dos lábios...

"Finalmente, calou-se!", murmuram alguns idiotas ao redor. A seguir, começa o tumulto oficial: em decreto urgente e pleno de reconhecimento do Executivo, a prefeita faz doação especial de uma cova com duzentos metros de profundidade e, aproveitando-se do formidável pacote do novo jardim do teatro, providencia uma herma de isopor que certamente permanecerá para a posteridade imediata.

Sensibilizada, a Câmara reúne-se em caráter extraordinário e a presidência da Casa, condoída, propõe cremação *ad libitum*, ao mesmo tempo que, compungido, no recato da coxia, o maestro Cruz-credo examina seu guarda-batutas e escolhe o mais bélico modelo para, à frente de impecáveis professores e um coro de 36 alunas da PUC, reger, comovido, o *Réquiem Sostenuto* que Erik Satie jamais terminou.

Todavia, a tão pungente solenidade não poderia faltar um bom discurso. Para tanto, convocam a deputada Benedita que, após algum pugilato com sua própria verve, apanha papel na bolsa e, com o olhar marejado de rímel, lê, de improviso, comoventes palavras de despedida. Há rumores e ameaças de comoção... Daí, sim, levado pelo scotchmóvel recém-pintado de preto com *spray* de talentosos grafiteiros, sai o cortejo para os campos do esquecimento.

No interior do caixão perfumadamente florido, sinto as carnes chacoalharem e ouço imprecações do público contra o péssimo estado de conservação das ruas, agora adornadas com lutuosos pavilhões auriculares hasteados a meio pau. Tudo muito pomposo. Impressionante!

Porém, de repente, quando a realidade parecia se consumar no vácuo deletério... *PLUFT!* Birgit Nilsson dá um histérico agudo, recobro o que resta da consciência e pronto! Reencontro o estúdio intato, a biblioteca perfeita, o charuto apagado e o gelo do uísque tão diluído quanto o Potomac na primavera. Portanto, vejo que aquilo não passou de um sonho exótico, permanecendo, por isso, irrelutavelmente vicejante, saudável e — sobretudo — luminoso, conforme, aliás, o gentil leitor terá a bondade de se lembrar.

Bom dia.

As alegres comadres de Windows

"Ai dos visados pela Telefônica só por fazer diz-que-diz-que"

(lavra pessoal)

— Disciplina! — disse Plínio.

Sim, diante da enérgica e imperativa autoridade de sua prescrição, o sábio latino e autor de *Naturalis historia* não só nos passou a grande verdade comportamental como também caiu fulminado. Pois é, foram aquelas suas "últimas palavras"... Ao terminar de dizê-las, impulsivamente xereta, abriu a janela no instante da grande erupção do Vesúvio e *PLUFT!*. Ainda que estivesse em Estábia, já era. Asfixiou-se na hora com o enxofre que, de chofre, o vulcão lhe batera ao rosto como um Éder Jofre (*sorry*).

Lembro-me bem, era 24 de agosto de 79, 236º dia do ano pelo ainda não havido calendário gregoriano e exatamente a 129 para o delicioso e dramatúrgico *réveillon* na casa de Bernarda Alba. Fascinante!

Contudo, uma data sinistra, muito embora seja destro mencioná-la como o dia em que a vidraça se fechou também para o poeta inglês, Thomas Chatterton; a mística francesa, Simone Weil; o presidente gaúcho-carcamano-populista, Getúlio Vargas e — claro —, o general russo, Serguei Akhromeiev, que se suicidaram todos no devido tempo, porém, lembrando sempre que, quando a loucura entra pela porta da frente, o juízo simplesmente foge pela janela de trás. Incrível, não?

Assim, sob raciocínios voltados à importância do pretérito mas alarmado com notícia de que o *DERSA* pensa em administrar a *Estrada do futuro*, Bill Gates, que não quer perder um só centavo daqueles bilhões, me ligou ontem (a cobrar) pedindo para explicar essa coisa aparentemente sórdida acerca da sobrevivência e do direito de ir-e-vir de seu extemporâneo best seller rodoviário.

Disse-lhe então que se acalmasse e contei como foi o trabalho que o mesmo *DERSA* realizou para recuperar Osório Duque Estrada do abandono cívico, obrigando jogadores de futebol a pagar pedágios para grunhir seus versos do *Hino nacional* com as mãos no "breque" e — o que é mais importante — divulgar obra daquele crítico, até então conhecido em simulacros da Internet e sua disposição em asfaltar adjetivos com toneladas de computês inútil. Enfim, é o progresso globalizado que, afinal, pretende tornar carroçável o cyberlirismo das pelejas vindouras e o pobre hino mais acessível à patriotice escrotal de nossos atletas. Maravilha!

Falando nisso, lembro que noite dessas, ao entrar num elevador absolutamente imaginário e no 506º andar, deparei-me com duas jovens de óculos que, só pelo seu software amigável, adivinhei logo: eram mulheres de programa! Entretanto, como insisto em repudiar manifestações de preconceito e, sabendo das boas veredas abertas ao diálogo, apanhei no bolso um preservativo, enfiei-o na língua e, percebendo fragorosos deslizes de pronúncia, apelei ao meu melhor e mais gentil sotaque *cockney* dizendo-lhes ser péssimo o elevador não ter janelas panorâmicas, ao que, logo uma delas arregalou o olhar retrucando enfurecida:

— Como? Não vê? É do Windows que estamos falando...

— Pois é, madame — disse-lhe. — Eu também... Creio que uma gelosia ficaria perfeita ali. Certa vez, Frank Lloyd Wright idealizou um tipo delas que...

— O senhor é louco?

— Quem sabe? Contudo, refiro-me àquela abertura por onde penetram ar, luz, estupidez ecológica e, claro, alguns ladrões...

E só então meu espírito inocente percebeu a farisaica arrogância na intenção daquelas moças idiotizadas por fetiches ambientalistas, já que se diziam "decoradoras".

Assim, aproximei-me de seu perfil lombrosiano, xenomorfiquei-me todo (no sentido bíblico, é lógico) e, invocando a memória de Valdomiro, o santo, soltei brado de guerra, abri a dentadas um rombo na parede do ascensor e, por ali, defenestrei as duas com olímpico chute no rabo, diretamente do 450º andar. Pronto! Segundo meus cálculos e a potência da fé acumulada no peito (do pé) para escrever o que se segue, acredito não terem chegado a parte alguma ainda. Excelente!

Ora, e eu que só queria lhes abrir uma janela para o mundo, vi-me frustrado diante da hermética mesquinhez daquela dupla obliterada. Assim, bem feito!

Aliás, isso também faz lembrar minha assistente que, desleixada, após redigir impressionantes receitas de nhoque, deixou o Windows aberto a noite toda. Resultado: encheu meu computador de pernilongos! Tive de repreendê-la para proteção, não só de meu voyeurismo empírico-radical como do próprio "ambiente" que, inadvertido, se abriu como uma flor para a usuária relapsa. Pois, se ali houve pseudocontágio virótico, já nela se deu o oposto: conflito de aplicativos, obscurantismo virtual, depriméncia emotiva... Enfim, caos cibernético!

Ótimo! Ao menos, do parapeito das minhas próprias "*windows*" não preciso avistar a insipidez que escoa pelo crânio dos néscios. Porém, ainda que passe a vida no batente e Shakespeare insista no fato de fecharem a porta contra o sol que se põe e a braguilha contra o mal que dispõem, quem me garante que essa seja a maneira eficaz, já que o que se tem ali não passa de um mísero vitrô, hein?

Bom dia.

Superficial, porém... *De profundis*

"Não façais hoje com náilon o que poderíeis ter feito ontem com seda pura"

(lavra pessoal)

Sentir-se constantemente bem-informado é uma dádiva reservada a poucos. Inteirado do fato e imbuído de tantos portentos, abro o jornal e vejo logo a notícia de que um homem morreu na Rússia com 150 anos, deixando um órfão de 120. Fantástico!

Apesar do impacto momentâneo, caio na chamada Realidade Vulgar e, ainda atônito, passo a meditar acerca dos problemas da longevidade, quando, então, vão-se os dentes mas ficam as gengivas. Momento soturno e contrário esse, em que a sociedade substitui a gravidez ectópica pela estupidez *in vitro*, levando legiões de velhinhos ao inferno de conviver simultaneamente com seus próprios achaques físicos e as tormentas de um oceano de mediocridades ocasionais. Impressionante!

Assim, ocorrem-me logo alguns nomes macróbios, como o de Leni Riefensthal e Barbosa Lima Sobrinho, ambos geniais e pra lá de centenários.

Ele, o velho e sábio jornalista, entrevistado em seu decisivo aniversário por uma tola repórter que achava seu martírio de longevidade um evento sensacional, rosnou simplesmente:

— Ô minha filha, não aconselho isso a ninguém...

Já La Riefensthal, não. Naquela idade, praticava pesca submarina e, ao usar o bidê, ainda se lembrava com ternura dos bigodinhos de Hitler. Incrível, não?

Há dias, foi a vez de Henri Cartier-Bresson tomar o *chá da meia-noite*. Esquecido pela cupidez das mídias, sua ida só veio à luz 72 horas depois. Globalização, dizem os *experts*...

Porém, mais brilhante ainda foi o venerando Auguste Piccard, que desceu num batiscafo a 11 mil pés abaixo do nível do mar. Maravilha de sabedoria gerontológica! Pois lembrando-me dele, pergunto-me indignado: por que, hoje, décadas depois, eu devo ficar aqui, na superfície idiota e à mercê dessa realidade cretina, hein? Não, não. Também quero. Afinal, a democracia deve servir para algo.

Pensando nisso, começo a articular planos para a grande descida e a listar os poucos pertences que poderei levar. Sim, como se sabe, o espaço naquelas engenhocas é exíguo. Por conseguinte, além de minha frágil figura, deverei carregar só o estritamente necessário para a manutenção pessoal nos abissais âmagos do oceano... Pacífico, é claro. De beligerante basta o Homem, que deixarei sobre a terra com suas iniqüidades existenciais. Portanto, iniciarei com livros. Sim, mas quais? Minha extraordinária coleção de dicionários é imprescindível. Claro! Que fazer em caso de dúvida nas profundezas do mar? Os livros de Arte, então, nem pensar deixá-los. Como me abster de sorver o que mais aprecio?

Atento a isso, lembro-me das obras filosóficas, da poesia... Um pouco de prosa também não fará mal. Enfim, está decidido: levarei a biblioteca completa!

Como trabalho continuamente, embarcarei também máquinas fotográficas, computadores, impressora e papel, muito papel. Sim, que fazer sem eles e exprimir esse aluvião de idéias que me assaltam a todo instante? Depois outra, a editora ficaria chateada e meu *marchand* cortaria relações, o que me faz lembrar do cavalete, paleta, prancheta, pincéis, telas e milhares de tubos de tinta. Afinal, assim como na enlouquecida expedição do barão Langsdorff, tudo deverá ser registrado em minúcias.

Visto ter suprido o lado emotivo-intelectual da jornada, resta agora o aspecto profissional da empreitada. Para tanto, e sob a supervisão de Her Majesty, um poderoso estoque de uísque será embarcado na batisfera tolediana que, com certeza, já estará abastecida dos mais finos habanos e toneladas de cigarros, sem os quais não há filosofia que resista. Mas... meu Deus! Quase esqueci do gelo. Sim, é claro! Precisarei instalar a bordo minha supergeladeira que produz miraculosos cubinhos de gelo sem água que, aliás, é um líquido totalmente prescindível.

Agora, parece faltar pouco. Adicionando à lista umas obras de arte, divinos móveis do século XVIII, tapetes persas e, é claro, o piano Boisselot de cauda inteira, resta somente a aparelhagem de som e dezenas de óperas, sem as quais seria impossível sobreviver. E, no mais, é me imaginar ali, submerso a 11 mil pés e com a absoluta certeza de não encontrar o Dr. Scholl *et quejandus*. Só exóticos cardumes passando pela janela soltando formidáveis bolhas, ou algumas lagostas que, a exemplo dos chefes-de-gabinete, andam de lado e estão sempre antenadas no vazio.

Como Diane é insubstituível, onipresente, etérea, volátil e não ocupa espaço, será ela a única tripulante.

De resto, refaço cálculos numa régua que pertenceu a Frobenius e inicio a acomodação geral. Porém, após a totalidade daquelas coisinhas ser atulhada na cabine, tento entrar com dificuldade mas... Droga! Um único artelho me impede de fechar a escotilha o que, lógico, se torna o óbice pedométrico às minhas aspirações e — claro — uma alegria ao farisaico sadismo de alguns leitores, que, afinal, me verão à superfície até abrir mão de algo essencial ou — é óbvio — amputar o maldito dedão do pé.

Bom dia.

Uma lingüeta à beira-mar plantada

"Nem mesmo no Cretáceo viram-se tantos cretinos como agora"

(lavra pessoal)

Conforme nos é fartamente ensinado na filosofia, todo homem no devido momento deve descer para sua morte. Todavia, a pior escolha para o *gran finale* será sempre através das amenidades. Sim, haverá epílogo mais triste que aquele quando nada se faz de útil, produtivo ou criativo, hein? Refiro-me sobretudo aos domingos, quando, por uma espécie de ócio oficial, ninguém faz nada que preste. Incrível.

Agora mesmo, leio a alarmante notícia sobre a penúria econômica, contando que o comércio colocou bacalhau e ovos de Páscoa à venda em prestações. Meu Deus, nem em Biafra isso acontecera. Imagine: abrir crediário para se comprar bacalhau e passar o domingo ruminando chocolates. E depois dizem ser eu o surrealista.

Portanto, a meu ver, os domingos devem correr tão dinâmicos e operosos quanto o restante do tempo. Explico: por exemplo, num domingo, quando o mundo inteiro se reunia para dizer besteiras, beber cerveja e mastigar churrascos, Howard Carter estava lá, solitário e empoeirado no Vale dos Reis egípcio... só que espiando os olhos de Tutankhamon... Viram? Isso sim é aproveitar um domingo confraternizando com múmias.

Meu amigo cineasta Alberto Cavalcanti, então, tornava os domingos verdadeiras usinas criativas, sobretudo denunciando as truculências do jogo de truco.

Grande Alberto. Embora sempre e injustamente criticado, era mesmo um *gentleman*. Não fosse sua maldita mania de servir uísques feitos de soja, seria um anfitrião perfeito.

Pois foi num domingo que simultaneamente escreveu o roteiro e filmou *Rien que les heures*, abrindo-lhe as portas da História ao rodar as mais alucinantes e incompreendidas obras da filmografia européia. Todavia, o que, afinal, queria dizer aquela seqüência de *takes* e cenas, senão conduzir o indefensável espectador à viagem dentro de si mesmo, através de distúrbios emocionais por ele próprio eclodidos, hum?

Pois bem, aqui e agora, o leitor poderá esgrimir suas patologias adquiridas na infância sem viciosas intervenções terapêuticas e, o que é melhor, sem aqueles rançosos pedagogos do Nada repetindo conceitos sem jamais questioná-los. Pois é exatamente aí que entra o pequeno Toledo em defesa da comunidade carente de informações tão vitais à consolidação do estofo cultural da região.

Primeiro: desprezar fatos e teorias estabelecidos por historiadores que persistem na ininteratividade do fato histórico. Por exemplo: irritado com os andamentos da Segunda Guerra, o próprio Winston Churchill juntou Hitler, Mussolini e Hirohito, ameaçando colocá-los nos eixos, ao que, é claro, os três morreram de rir, respondendo-lhe que já estavam ali havia semanas. Maravilha!

Outro exercício lógico acerca do tema? Pois bem, Júlio César em sua "retumbante vitória" sobre Farnaces, rei do Ponto, quando (segundo Publius Cornelius Tacitus) pronunciou a frase:

"Veni, vidi, vici" ("Vim, vi, venci"), o que não passa de balela. Na verdade, o grande imperador romano perdeu a batalha contra aquele torrefador africano dizendo simplesmente: *VENI, VIDI, MIFU...*, o que, como podem deduzir, muda em substância o caráter histórico do definitivo.

Ainda exemplificando — e para pasmo geral —, cito aqui o legendário Gêngis Khan, mencionado de modo enganoso pela mesma História, que, após descrevê-lo em temíveis conquistas, o coloca morrendo de uma deprimente queda de cavalo. Besteira total!

Em verdade lhes digo: Gêngis Khan morreu de gengivite!

E se lhes contar tudo sobre os desvios da narrativa acadêmica e em casos mais próximos, ficarão chocados pela vacilante dubiedade, escrevendo ao editor sugerindo minha demissão ou um excelente e bem-vindo aumento, o que, aliás, será ótimo!

Prosseguindo, há pouco comemorou-se o aniversário do atentado que fulminou o presidente Kennedy, quando ele, como bom mártir norte-americano, morreu para sempre. Pois é, deu nos jornais...

Porém, documentos forjados nos contam que, a seguir, seu executor, Lee Oswald, teria sido alvejado por um tal de Jack, ex-agente da CIA que morreu também... Mentira! Até ali a informação que recebemos é falsa e os nomes, erroneamente grafados. O matador de Lee Oswald, na verdade, não era um. Foram três: os irmãos Jack, Vick e Vapo Ruby. E, segundo fontes fidedignas, nem mesmo portavam armas! Lee Oswald fora morto por inalação! E, o que é mais alarmante, o crime nem se dera no Texas, conforme foi divulgado, mas, sim, numa fábrica de confeitos próximo a Ballas, e no mesmo instante em que o peito das cianças era friccionado sob olhares maternais. Só isso.

Portanto, viram agora como é feita a História? Tudo asneiras!

Mas, se o amado leitor imagina que tal engodo acaba ali, engana-se. Na realidade, este texto também não existe e eu mesmo não estou aqui, digitando tais coisas para eruditos ejacularem pieguices. Não! Em meu lugar, está um bem pago clone de Carl Fabergé que, como se sabe, fora o inventor da omelete e da divertida brincadeira dominical chamada *Far niente*.

Bom dia.

Sobre os temores do sêxtuplo sentido

"Apesar da antropologia, o homem nada mais é do que exatamente o contrário daquilo que sempre fingiu ser"

(lavra pessoal)

Muito embora não se tenha obrigação de saber e ainda que se considerem desnecessárias justificativas aparentemente prolixas, explico, contando algo sobre o que o erudito francês chamaria de *déjà vu* umas vezes e de *trompe l'oeil* em outras.

Como tais fenômenos ocorrem neste espaço com freqüência e pressupondo que o uso do cachimbo deixe a boca torta, fica acertada a extrema naturalidade de ambas, isto é, a ilusória e sapiente deliberação em se ponderar com logicidade acerca do Nada.

Eu sei, parece um pouco confuso, não?

Explico outra vez: se um transmite a sensação de já ter sido visto antes e reconhecendo que ninguém enxerga mesmo um palmo à frente do nariz, fácil deduzir a respeito do segundo, que estabeleceria uma simples ilusão de óptica que, como se sabe, foi o motivo principal de ter levado Fellini a fritar leitoas em *Satyricon* e o próprio Petrônio a empurrar a vida com a barriga, e não com o cérebro. Simples! Portanto, o que se nota aí é o que se pode chamar de puro "*trompe l'oeil de rien*", ainda porque é só o Nada que sempre vemos e de cuja ilusão sempre ressurge.

Pronto! Dito isso e apascentado pela idéia de haver contribuído para o saber matinal do gentil leitor, lembro-me de que isso tudo é muito mais suave que os delírios de James Eggsfly Tothemoon, o portentoso pensador inglês para quem não se fazia uma omelete sem quebrar os ovos.

Obscuro, ao pronunciar tal axioma, o filósofo não supôs que, um dia, alguém fosse questioná-lo quanto à transmutação fenomenológica singular para tão absurdo plural. Que fazer? Para provar tese contrária, lá estão gêmeos univitelinos, trigêmeos, quadrigêmeos, quíntuplos... Pronto, aí, o velho sábio pode enfiar-se na estrada a matutar seus aforismos culinários. Pobre! Nunca conseguiu suportar o peso da rejeição materna, o que o levou à existência deprimente e sempre marcada por despedidas. A partir disso, dava tchau até ao cocô na hora da descarga!

Já na velhice, assumiu feições ainda mais patéticas e esquisitas: com bochechas enormes, luzentes e a testa toda franzida, parecia uma lâmpada de ponta-cabeça. Contudo, isso não o tornava mais luminoso. Não! Pouco antes de matar-se, legou ao mundo sua mais gelatinosa obra, dedicada ao gênero apócrifo que sempre lhe cercou a parca engenhosidade.

Por isso, a dura e prosaica verdade desses raciocínios me leva a recordar o caso daquela senhora de Uberlândia que, há tempos, anunciou ao mundo uma crise demográfica ao gestar sêxtuplos. Maravilha! Apesar da robusta dose operística, acabou frustrada com sensacional gravidez psicológica. E tudo culminou na baboseira de estigmatizarem-na de "estelionatária" a urdir façanhas pré-natais só para arranjar uns trocados. Bobagens!

Por diversas e paulatinas vezes, pôde-se ver a moça inflar como um colchão, seus seios avolumarem-se e — o que é mais importante — aparecer-lhe na face aquela aparvalhada feição que algumas utilizam ao contemplar seu encantador *status* abdominoso, sobretudo se lá dentro houver a população de uma pequena metrópole. E isso, sem contar com o orgulhoso pai que, como um touro Ferdinando, ficava grisalho a olhos vistos, ponderando sobre suas proezas noturnas: "*Céus!*", pensava, "*naquela noite,... foi só uma rapidinha. Como pôde isso acontecer?*". Era tarde! Implacável, o censo já registrara sua prole guinnessbookiana e, para desespero dos recenseadores, a coisa estava feia para a dupla abençoada por fertilidade tão radical.

Entretanto, em meio à jornada hiperpopulacional, *PLUFT!* O útero que parecia abrigar todo um subúrbio de Pequim, esvaziou-se como por magia! E ninguém ainda me convenceu de como isso pode ter acontecido. Nem mesmo Freud, que sempre ajeitara as coisas com pitadas de sexo sem nexo. Muito menos a obstetrícia contemporânea que, de maneira ou de outra, contabilizou a ninhada com sondagens e engenhocas ultra-sonográficas. Mistério profundo! Ainda assim, isso me leva a imaginar o fantástico diálogo que existiria no momento fatal, quando ela, de súbito e wagnerianamente, bradaria ao maridão ensandecido:

— BENHÊ, ESTOUROU A BOLSA!

E ele, pobre-diabo que nem corretor de valores era, sem saber ao certo se devia ou não chamar a Defesa Civil, recolher sacolas ou estourar os miolos, sai pela casa murmurando com seus botões:

— Maldita rapidinha!

Contudo, como se tratou de parto prestidigitatório, suas algibeiras nada sofreram e ele, que por instantes passou por herói afortunado, continuou pobre como sempre e o mundo se reequilibrou novamente. Bonito, não? Parece até coisa do Ibsen...

Portanto, após o dramático malabarismo ilusionista para exibir provas cabais sobre a estupidez humana e sua incontrolável obsessão em reproduzir-se, reitero, confirmando achar mesmo o Homem uma zebra listrada, porém, jamais um gato xadrez, através do qual, aliás, contarei nova história numa outra vez.

Bom dia.

Simplesmente um *cool* para conferir

"Tanto os loucos quanto os mansos são inofensivos.
O perigo está mesmo é na mediocridade"

(lavra pessoal)

De fato, o que há de fantástico na música é, precisamente, ajudar-nos a refletir abstrações, ou, melhor: gerá-las. Bach, por exemplo, caminhava quinhentos quilômetros até Lübeck só para poder fazê-lo, ouvindo Buxtehude tocar. Sim, sabia-se na Alemanha toda que — apesar do nome —, quando o grande Dietrich sentava no órgão, ninguém dava um pio, sobretudo para apontar-lhe eventuais obscenidades cometidas em público.

E a música fluía, chegando aos ouvidos de Deus assim como um maná que, como se sabe, adubando dá.

E, nessa musical relação entre divino e sagrado, impossível esquecer Gregório I, o papa que inseriu cantochões que levam seu nome à liturgia dos cultos, mesmo sabendo que nem todo fiel seja culto e o próprio Gregório, um gregário.

Pois bem, hoje, de forma ecumênica e chata, os templos transformam encontros religiosos em depósitos de péssimos músicos e aquele momento de introspecção com o Mestre num espetáculo digno de picadeiros. Que fazer?

Como se viu, andei de férias. Ainda assim, inútil dizer que jamais descanso. Por isso, ainda que envolvido em trabalhos de Hércules, pude achar tempo de rever as preciosidades de *jazz* que este eremitério abriga. Mas não aquela coisa medonha e tumultuosa das *big bands* de Stan Kenton aos terrores do *hot jazz* ou desfalescências escatológicas do *Electric Jazz* que me faz dizer "Shazan" aqui para depois jazer logo ali. Não! O pequeno Toledo trancou-se como um relicário só para se entregar aos prazeres do *cool jazz*, essa modalidade divina que deve ter provindo de Bach para o ouvido esquerdo de Gerry Mulligan, ao direito de Chet Baker e — é claro —, bem no cérebro de John Lewis que é — sempre lembrando — um gênio dos teclados.

Eu sei, essa complexa e jazzística ponderação torna-se particularmente importante numa época em que tudo se transforma em estrepitosa presunção e o raciocínio dito coletivo assume a forma dos velhos auditórios de rádio.

Narcotizadas pela aparente benesse das utopias midiáticas, a sociedade claudica sorridente, sem se aperceber que entre sua ilusória sensação de bem-estar auditivo encontra-se a razão de seu próprio declínio mental, conforme, aliás, Schömberg vislumbrara no *Concerto para quatro mãos e duas manicures* como sendo ideal e absolutamente adequado ao uso do cotidiano burguês.

Por isso, a insânia instrumental dos japoneses me leva a crer que a estupidez contemporânea esteja assim, como furúnculos, no apogeu da maturação e prestes a explodir de forma semi-sinfônica. Lembremo-nos, pois, de Erik Satie no *Trois gymnopédies* fazendo-nos um extraordinário exercício de malabarismo poético. Impressionantes os acertos celestiais que cometeu com fugas e contrapontos, clareza e harmonia expressadas ali em sua chamada "música de mobiliário".

E Stravinski então, prevendo o caos a ocorrer não só com a poesia, literatura e filosofia, mas também com a meteorologia, hein?

Segundo meus cálculos, se o mau gosto musical que aí está persistir, chegaremos ao dia em que as pessoas simplesmente se tornarão gelatinosas e escorrerão pelos ralos, assim como os mocotós humanos que tanto ambicionaram ser. Pois perderam o senso da magia sonora e, por isso, seu primitivo referencial ótico se foi para o local correto, deixando-os à míngua e totalmente entregues à decrepitude de aplaudir o Nada.

Quanto a mim, reafirmo preferir as ênfases gregas, quando o Sublime ficava restrito a Euterpes e viagens musicais em busca do Humano. Coisa sadia, como participar de enduros em Cochabamba, extrair a raiz quadrada de uísques redondos ou confundir tragédias de Sófocles com comédias de Plauto. Só isso.

Essa diarréia oblítero-chocante leva alguns a destacar a estultice a ponto de fazer-me lembrar de Jan Huss, o reformador tcheco que, ao ser torrado nas fogueiras da Igreja, ainda teve a generosa criatividade de desembainhar seu melhor latim e cantarolar:

— *Sancta simplicitas... Lá-lá-ri-lá-lá-la...*

Pois imito-o agora, nesta hora de ovos podres e avós desaparecidas. Visto ser impossível sanificar mediocridades com lógica surreal, passo a cercar o raciocínio para evitar a invasão das baratas, a deterioração do belo e a idéia cada vez mais crescente de que, se hoje Wanda Landowska voltasse ao mundo e se deixasse globalizar pela vesânia geral, iria também confundir pedologia com pedofilia, rali com ralé e munhecas com minhocas...

Assim, cada vez mais imbuído em crocodilianas vicissitudes e bebericando com avidez no gargalo musical das perplexidades, desligo por momentos o caótico som que provém da urbe e, cordato, amarfalho-me tentando comparar a álgida suavidade do meu *jazz* com a cálida insipidez do real, porém, jamais perdendo de vista ser aquilo tudo simplesmente um *cool* para conferir.

Bom dia.

Sem ânus de solidão

"Muito melhor dar à luz em Furnas do que conferir nossas urnas"

(lavra pessoal)

Pronto! Campanhas, comícios e eleições à vista, nos vem logo a convicção de causas intensas e a imperial sordidez de ambulatrizes vagando por calçadões a prometer salvar o que sobrou da dignidade existencial. Impressionante!

Jardineiros compulsivos, resta-nos agora adubar e regar o ressequido jardim democrático e, com a sazonal certeza dos hortelões, aguardar a hora correta de as urnas exibirem seu canteiro, expondo o viço semitransgênico dos novos legumes a serem digeridos nos próximos anos. E, como pepinos são unanimidade, deixo-me ficar à espreita, só aguardando o pregão das quitandas eleitoreiras. Assim, e diante da expectativa, resta-me o consolo rotineiro, em que o ócio das lembranças vis sempre ocupa o lugar reservado ao simples tédio de conjecturar.

Curioso... apesar do grande esforço mnemônico desenvolvido para aclarar essa seqüência de raciocínios trevosos, o que me vem sempre são imagens teatrais, sobretudo as farsas. Sim, adoro pantomimas! E quanto mais burlescas, melhor. Portanto, não posso nunca me imaginar sorvendo tragédias, a menos que provenham de Sófocles, Eurípides, Ésquilo ou mesmo Balzac, que, aliás — e invocando seu vasto repertório —, nos privou do palco uma obra exemplar como *Esplendor e misérias das cortesãs*, em que a dramaticidade atingiria seu ápice durante disputas performáticas e, por conseguinte, os traques gerados na coxia não passariam de truques criados nas coxas — comparando-se ao que se vê agora — e o riso, finalmente, transformasse fisionomias carregadas de tensão em gargalhantes caraças de euforia.

Exatamente igual ao espetáculo eleitoral, este o maior mérito da dramaturgia: iludir platéias... Não com prestidigitações inerentes à política vulgar mas, sim, com o ilusionismo da Arte de Tergiversar, o "*trompe l' oeil*" que os mestres da marquetagem cênica conseguem atingir. E isso, sabe-se, só é permitido aos iluminados do lado de lá dos proscênios da dissimulação e das insidiosas bambolinas da hipocrisia, levando críticos perplexos a se confundir entre comédias boas e protérvias más.

Não obstante, e apesar do pastelão que lhes é inerente, nada mais patético do que títeres sem graça ou políticos caçando votos. Falta-lhes, creio, um sopro de grandiosidade, ênfase na pretensa eloqüência, viscosidade verbal, um estoicismo derradeiro e cruel que ao mesmo tempo levasse multidões ao delírio e, a seguir, as submetesse à deprimência das fraldas descartáveis marca *Baruk*, cujo nome torna desnecessário evocar profetas para predizer o que há dentro. Tudo mais ou menos como ouvir melífluas lamentações de Lot alegando possuir uma mulher insulsa, só para se salvar do eleitorado arredio, prévias ameaçadoras ou simplesmente maltemperadas. Se é que me entendem...

Mas isso tudo me lembra a teatral frustração da juventude: invadir a Academia Brasileira de Letras e, quieto como um monge de pedra, irromper a sessão solene, caminhar à tribuna dos imortais, dirigir-me ao Aurélio, entregar-lhe um busto de Pórcia e ele, comovido e banhado em lágrimas, dizer-me soluçante:

— Não tenho palavras para agradecer.

Sim, a Glória! A quintessência da ferocidade surreal ligada às vastas ambições dramatúrgicas de um sonhado elencoslediano.

Como se sabe, Pórcia, filha de Catão e mulher de Brutus, quando suspeitou do marido envolvido em politicagens, ameaçou matar-se. Porém, de nada adiantou. Após participar do assassinato de César e ele próprio se defuntar a fio de espada, não deixou alternativa ao estoicismo da esposa senão o suicídio alucinado, engolindo carvões em brasa! Maravilha!

Logo, pergunto: pode haver algo imediatamente mais trágico que digerir incandescências ou roçar hemorróidas sobre escarpados tobogãs históricos, hein? Então, como dissuadi-la, senão utilizando retóricas proctológicas para adverti-la de que comer carvão em brasa acaba em fogo no rabo? E o incêndio do vaso após o heroísmo, como fazer, hum? Chamar o Corpo de Banheiros para apagá-lo? Não, não. Não seria prudente, além de depressivo em excesso.

Eu sei: enquanto fico aqui a meditar filosofices ao sabor de *scotchs*, lógico, a corporativa orgia das campanhas grassa livre e obscena, exibindo o sobe-e-desce das marafonas pela bordelesca volubilidade dos brinquedos de politicar.

Entretanto, ao contrário do que o bom senso prescreve, é exatamente aí que o espetáculo agrada. Pois é nesse ponto que a tragédia mais nobre se aproxima tanto da sátira mais grotesca, e todos nós, da platéia, ficamos ali, atentos para decidir a hora exata entre fixar olhares de cobra para nos fazer valer o riso contido ou, simplesmente, calar o bico e continuarmos engolindo sapos uma vez mais.

Porém, gregários e vendo o febril entusiasmo do público com tanta merda sendo dita no palco, nos vem logo o escatológico consolo grupal das coesões entorpecidas, quando tudo deva ser permitido e vindo de onde vier, desde que seja, é claro, sem ânus de solidão.

Bom dia.

Uma spantosa odisséia no spa

"O maior mérito de tudo é fazer-nos apreciar as farturas do Nada"

(lavra pessoal)

Incrível! Na Grécia Antiga, Esculápio foi deus na arte de curar. Agora, no Brasil, Esculacho é o deus do INSS, o que nos leva a crer que médicos humanos são muito estranhos... Ainda que me sinta um touro atirando energia pelas janelas, estive num deles semana passada e me receitou remédio maluco chamado CATAFLAN. Incrível! Recusei-me, claro, alegando que aquilo parecia nome de programa infantil da TV Cultura! Ainda assim, insistiu: devia tomá-lo! E mais: aconselhou-me a fazer uma laparoscopia. Perguntei-lhe se acaso seria alguma hemorróida coruscante e se não havia jeito de fazê-lo aqui mesmo, em meu magnífico bidê de ônix. Estranhando, perguntou por quê, visto parecer simples rotina. Expliquei-lhe então que, para mim, laparoscopia era o exame da "rosca" realizado na Lapa. Desistiu! Mandou-me vestir o uniforme e, escrevendo misteriosas linhas, reiterou a coisa do tal remédio, recomendou-me uns dias num spa, e me expulsou dali. Apesar de acharlhe o comportamento meio bizarro, aceitei os conselhos. Afinal, esse negócio de saúde parece sério e deve ser cumprido à risca. Assim, subi no scotchmóvel e fui direto à farmácia, como recomendara.

A caminho e por razões absolutamente secretas, veio-me ao bestunto a tragédia contemporânea que o mundo atravessa. Sim, milhões vagando pelo planeta e o fantasma do desemprego grassando insidioso. Um horror! Então, não é sem motivos que o estresse seja considerado o flagelo atual da Humanidade.

Contudo, em meio a tais raciocínios, vi, na esquina, uma botica onde poderia comprar o remédio. Pronto! Resolvido o caso, parei na hora... Porém, não foi bem assim. Logo ao entrar, vi que o problema iria continuar martelando-me sobre a crise no mercado de trabalho e as dores do mundo, de Schopenhauer. Sim, é claro. Até os deuses acabaram prejudicados nisso. E lá, diante de mim, estava um deles: "Meu Deus", pensei, "o que faz a Vênus de Milo trabalhando numa farmácia de manipulação, hein?" Pura crise, é claro.

Sei, parece patético e meio niilista dizer essas verdades agora, contudo, não há como fugir da realidade viscosa.

Assim, saí como visionário e, em disparada, dei partida e segui ventando para o tal spa, mas com reflexões profundas me atormentando o bestunto.

Pois é. No século XIX, Nietzsche afirmara que Deus havia morrido e passei a infância chafurdado em dúvidas. Há pouco, porém, vejo um Super-Homem que caiu do cavalo, ficou tetraplégico e acaba de morrer. Impressionante essa dissintonia frugal-filosófica, não?

Todavia, pelo sim e pelo não de tantas evasivas e seguindo os ditames da avó Urraca advertindo que, em caso de dúvidas, o melhor é calar a boca, vou em frente, buscando as bucólicas regiões indicadas pelo facultativo.

Chegando, estacionei, identifiquei-me, mandei apanhar os baús, chamei o garçom, pedi-lhe um uísque e ele, hirto, disse-me não ser permitido. Droga!

Tentei suborná-lo com originais da biografia do inventor da fita durex, mas, irredutível, ele afirmou que ali bebida era tabu. Merda! Enfurecido, ameacei-o com a bengala e aí sim! Saiu correndo e voltou trazendo-me um... refrigerante *diet*, sobre o qual lancei maldições dignas de Sakuti, deus da medicina entre os japoneses.

E então começou o martírio: dias inteiros dedicados ao corpo, esse degradável invólucro de carne que só serve de ferramenta à musculatura cerebral e (pior), mórbidas reflexões gastronômicas sobre culinária-zen e deprimentes molhos de *shoyu*. Um horror! Só se falava em aeróbicas, antioxidantes, rabanetes, quiabos e num litológico bifinho seco que passei a chamar de *bife Uri Geller*, pois entortava-me o garfo. Enfim, um luxuoso campo de concentração. Irritadíssimo, resolvi partir. Mas, passados três dias, a conta mostrava: R$ 2001,00... Como? Entrei num local bossa Reichstag sertanejo, passei por um regime alimentar tipo Auschwitz e agora, deveria pagar uma quantia digna do Stanley Kubrick? Não, não! Algo saiu errado, pensei. Preciso contar tudo ao Zeza. Mas como, se o Hércules ali da porta diz que só sairia depois de pagar os 2001? E eu que só tinha 2000,00...

Mostro-lhe então minha carteira de sócio do Yacht Club do Mar Morto... Nada! Apanho carteirinha da Associação dos Cavaleiros do Templário... Lhufas! Cartão de Egiptólogo Remido... Nem chus nem bus...

Afinal, tive de chamar uma moça adiposa que, como chaleira, resfolegava numa estúpida bicicleta sem rodas e pedir-lhe um real emprestado, mas sob a condição de, a seguir à evasão, enviar-lhe pizzas pelos Correios (e sob o codinome *Py*)... Deprimente, caótico e masoquista demais para alguém como eu.

Entretanto, já de volta às delícias do lar, mandei abater um javali, abrir o vinho mais raro, acender o habano e, após fartar-me, narrar o heroísmo tolediano com pantagruélico arroto filosófico e — claro — meu ódio supremo às temperanças pequeno-burguesas, sobretudo aquelas que misturam física quântica com físico esquálido, esquecendo-se completamente de que o próprio César Lattes, mas a caravana passa.

Bom dia.

A pomba gira e a lusitana arrota

"Quando a História se torna fábula, melhor mesmo é adormecer"

(lavra pessoal)

Como se sabe, quem avisa amigo é. Portanto, tendo advertido que as quintas são eternas e esta coluna jamais recomendada a gestantes, crianças e idiotas de plantão, inicio lucubrações por coisas que não foram ditas, escritas e, sobretudo, remontem aos irmãos Campos, quando os mesmos ainda não eram aceitos no *campus* e achava-se que Décio fosse mero irmão de proveta do Baby Pignatari.

Eu sei: tímido que sou, fico constrangido de contar essas coisas, ainda assim, torna-se inevitável dizê-las, sobretudo quando, notada a parvoíce alheia, sou obrigado a vestir o uniforme de contestador e provar que minha reputação permanece tão sólida quanto a do bispo de Mariana. Impressionante!

Claro, para alguns isso pode parecer inconseqüentes bizarrices, porém, há quem goste, como os psicanalistas ingleses Frank Philips e Wilfred Bion, que passavam tardes inteiras a me perguntar coisas que, na verdade, eu sabia desde a infância. Puro mimetismo tropical. Pobres... Exegetas do espírito, querendo buscar lógica no que faço, consegui convencê-los até da influência da Hidra de Lerna sobre *Aída*, de Verdi. Incrível!

Todavia, ainda restam fariseus que duvidam dessas mini-veleidades. Portanto, muito melhor assimilar coisas sérias. Falando nisso com toda firmeza, acabo de recomendar a meu *personal trainer* para dar um jeito no corpo de delito.

— Que maravilha! — disse-me ele em sua aeróbica estupidez. — Mas, quem é Delito?

E, antes mesmo que lhe desse a resposta, fui interrompido por um *brainstorm* que Diane importou de Miami e, movido por forças absolutamente imperiosas, desci escadas num gesto súbito, digno de Nicolas Beaurepaire, acordei o motorista (que estava em êxtases místicos) e ordenei-lhe que desse partida no scotchmóvel. Sim, iria madrugada adentro examinar o que estavam fazendo com a cidade e averiguar se os absurdos que o jornal apontava eram mesmo verdade.

Precavida, antes de sair, minha assistente recomendou levar documentos. Perguntou sobre o RG. Disse-lhe que não tinha. Indagou sobre o CPF. Respondi-lhe que não sabia o que era... Afinal — e para resolver o desespero do caso —, decidi sair munido com meu Título de Cidadão, agora devidamente plastificado e colocado em carteira.

Sim, muito melhor que dizer-se "paisagem" só por ter sido cuspido aqui (como os nativos), é ser-se POR DECRETO. Claro, com isso, não se paga "meia entrada" no cinema, mas que dá imensa respeitabilidade à questão, não há dúvidas.

Então, pronto! Provido de identificação, zarpei rumo à *Princesinha* com o intuito de examinar a barbárie urbana praticada ao longo de décadas sob descargas do esgoto administrativo. E ali, após rigorosa espiada onde alcaides alucinados deixaram acumular seus dejetos, vi, sedimentado pela cumplicidade da população inerte, aquilo tudo que a encíclica *Urbi et*

Orbi tentou dizer, isto é, porcarias dignas de Urbano II, o papa ensandecido com os que cuspiam nas calçadas de seu provincianismo. Portanto, um horror!

Resumindo, o jornal tem razão. Nem mesmo Houdini conseguiu tamanha façanha prestidigitatória: transformaram a hierática menina-dos-olhos de Barreto Leme no deprimente cu-de-boi que se vê aí. Uma pena.

E, indignado, perguntei-me o que movia tanta aptidão semântica para se transmudar "oftalmologia urbanística" em "escatologia total"? Sim, o quê?

E, para responder a este formidável enigma, mandei parar, abordando um pedestre, indagando-lhe onde estava a minha cidade.

Assustado, respondeu-me que ficava no Pretérito (!!!).

— Como? — perguntei: a.C. ou d.C.?

Contudo, pragmático que odeia sentimentalismos neotestamentários, resolvi investigar direito a questão. Pensando nisso, abri o porta-luvas, apanhei os sapatos que mandei construir no Arsenal da Marinha e, assumindo riscos de encontrar políticos insones, calcei-os e fui deambular pelas ruas decrépitas, até me enfeitiçar por sons melodiosos que provinham da praça, agora cercada de escombros. Maviosa, vinha do realejo movido por uma portuguesa meio bigoduda.

Porém, o mais curioso é que não havia ali o papagaio de praxe de tais ocasiões mas, sim, uma pomba. E, enquanto a mulher acionava sua manivela, a neurótica ave corria atrás do próprio rabo, assim como fazem também alguns cães giratórios.

Maravilhado com o bucolismo da cena, aproximei-me e notei outra peculiaridade: enquanto a pomba rodopiava antes de tirar da gaveta seu bilhetinho, a portuguesa dava delicados arrotos, talvez como forma de agradecer a acolhida noturna de um público imaginário.

Excitado por tanta magia, alistei-me. A música tocou, a pomba fez cabriolas, abriu a gaveta e tirou de dentro um papelzinho escrito: "Vosso amor por quimeras será eterno"...

Maravilha!

Então, comovido pela revelação, caí de joelhos e, embora a tal ibérica ficasse ali com sua maldita flatulência gastroduodenal, agradeci aos céus por me fazer personagem da novela urbana edificada pela insensatez maior, sob a qual, é claro, nem mesmo as muralhas de Jericó ocultaram tantas idéias de jerico.

Bom dia.

Tigre de bengala em noites de Cabíria

"Assim na vida quanto na morte, o importante mesmo é manter o penteado"

(lavra pessoal)

Como dizia, o problema da Arte continua sendo nenhum. A coisa enrosca de fato quando se contam as pessoas. Elas, sim, parecem complicar tudo. Se ponderarmos a existência do belo num orbe vazio seria lindo, mas como, afinal, avaliar tal beleza? Daí a necessidade de bilhões opinarem sobre a maneira de a coisa ser feita, o que — convenhamos — passa a ser um ambíguo motivo de torturas em meio à enervante operosidade da estupidez coletiva.

Falando nela, lembro-me quando, há anos, recusei convite oficial para, junto com Wilfred Bion e Frank Philips, viajar pela Índia e, num período de três meses, conhecê-la de norte a sul.

Terror! Apesar da companhia daqueles célebres psicanalistas amigos, prudente, resolvi inteirar-me sobre os locais aonde iria e, como se viu, o resultado foi desastroso, ou melhor, notável. Havia, lógico, a coisa da Arte gupta, os textos tântricos e a música modal de Ravi Shankar a se ouvir. Maravilha! Por outro lado, dezenas de conflitos existenciais a resolver. Sibarita que sou, certifiquei-me de que não viajaria somente para me ocultar no Taj Mahal e ficar ali, contemplando Budas. Não! Teria de me locomover como um presunto ambulante pela vastidão do caos. Depois, o problema das mulheres: Francesca, esposa de Wilfred, era ítalo-inglesa Margareth Philips, neozelandesa; e Irina, a minha, soviética... Que fazer para acomodar a situação étnico-hormonal sem as uterinas beligerâncias de praxe, hein?

Não fosse só isso, existia ainda a questão de Bion ser inglês nascido na Índia colonizada, e ter lá seus atavismos pequeno-burgueses como entrave às minhas imprecações sobre o asco que sinto por calor, mosquitos, temperos à base de *curry* e, sobretudo... multidões...

Contudo, para finalizar esse pesadelo digno de um Tagore contemplativo, vi no jornal a cena pungente: Indira Gandhi, em Dehli — antes de ser definitivamente morta —, pilotando, ela própria, uma charrete como exemplo de extrema demagogia e... contenção de petróleo, já que o mundo passava por uma de suas cretinas e mal-assombradas crises, repassando aos cavalos toda sua pérfida maneira de economizar gasolina.

O quê? Queriam me tirar daqui, do paradisíaco sossego e das paisagens rafaelescas a que estou habituado para acordar cedo, enfrentar milhões de fanáticos famintos, tomar chá o dia inteiro, suar como uma esponja demente e, por fim, abdicar das comodidades do scotchmóvel para claudicar montado sobre elefantes? NEVER!

Imediatamente e antes que alguém tivesse outra idéia infeliz, pus em ação meus dons acrobático-epistolares e, sem que houvesse tempo hábil para diarréias de consciência, ordenei que se trancassem os portões, soltei Cérbero, meu jacaré hidrófobo, e — enfurecido —, arranquei os fios do telefone e mandei eletrificar maçanetas. Sim, era necessário uma radical intervenção para salvaguardar-me das garras da ansiedade mundana e do desconhecido insidioso.

E naquela noite, livre dos perigos que assolavam as regiões turístico-occiptais dos miolos toledianos, fiz um delicado cocozinho com o exato formato, a cor, a consistência e o aroma de um gerânio recém-colhido. Depois, adormeci e sonhei. Sim, sonhei com Irina me advertindo sobre a ira de Shiva por tão védica e fulminante coerência. E então, como nas visões de Kipling sobre a combustão espontânea, certifiquei-me de haver tomado a decisão correta e lapidado o mais brilhante, potável e compreensivo dos onirismos ocidentais.

Assim, senhor de sonhos búdico-embriológico-cabirianos, de um lado acossado pela eslava-Alter Ego e de outro por um deus destruidor chamado Shiva, transformei isso tudo urgentemente em fantasia passional, mudando trompas de Falópio em trombas de falóforo, a bela russa morena numa linda americana azul e — é lógico — a impressionante imagem de Shiva numa excelente garrafa de Chivas.

Bom dia.

Este livro foi composto na tipologia Latin725 BT,
em corpo 10,5/15, e impresso em papel off-white 80g/m²,
no Sistema Cameron da Divisão Gráfica
da Distribuidora Record.